나는 **영어를**
가르치는
시골 약사
입니다

영어
귀가 뚫리는
100일
프로젝트

김형국 지음

나는 **영어를** 가르치는 시골 약사 입니다

ɈORNADO
토네이도

사랑하는 아내와
소중한 자녀들 재형, 대성, 진경에게
이 책을 바칩니다.

해피 투게더 Happy together

내가 아닌 우리의 세상을 만드는 일. 내 아이만이 아니라 우리의 아이들을 길러내는 길. 바로 우리가 가야 할 길. 그 길은 "사람들은 저를 장애를 극복한 사람으로 이해하고 싶어 하는데 저는 인간 승리의 모델이 절대 아니에요. 우리 모두는 살면서 크고 작은 장애를 만나고 그걸 극복하며 살고 있어요. 시각 장애도 그중 하나일 뿐이에요"라고 말하는, 보이지 않는 눈으로 희망을 쓰는 시각 장애인 피아니스트 김예지 님이 걷고 있는 길이다.

Happy together. 내가 이 책을 쓰는 이유이기도 하다. 아직 부족함 투성이지만 나의 경험과 내가 얻은 지식을 통하여 영어를 잘 알아듣지 못하는 누군가가 귀가 열리는 기쁨을 맛볼 수 있다면, 농촌 마을의 영어 공부방에서 작은 아이 한 명의 인생을 바꿀 수 있다면 충분히 가치 있는 일이 아니겠는가.

1996년, 불혹을 넘긴 나이에 미국 유학길에 올랐던 나는 캘리포니아 주정부가 주는 한의사 자격증을 따고도 마음 한구석에 불안을 가지고 있었다. 바로 영어였다. 10년 넘게 영어를 배웠지만 막상 외국인 앞에 서니 그들이 무슨 말을 하는지 정확히 알아들을 수 없었다. 영어를 읽고 쓰는 일은 사전을 옆에 끼고 시간과 노력을 들이면 얼추 해결할 수 있었다. 하지만 듣기와 말하기는 달랐다. 상대방의 말을 제대로 알아듣지 못하는 데서 오는 괴로움과 스트레스는 예상보다 훨씬 컸다. 여기에 내가 하고 싶은 말을 충분히 표현하지 못하는 데서 오는 답답함이 더해졌다. 그래도 명색이 한국에서는 지역 사회의 인정을 받으며 약사로 살아온 내가 왜 이 나이에 듣고 말하는 원초적인 일로 자존심이 상해야 하나, 많이 힘들었다.

한번은 이런 일도 있었다. 시내에 볼일이 있어 나갔다가 엘리베이터를 타고 올라가는데 중간에 딩동, 하면서 문이 열렸다. 문 앞에 서 있던 사람이 나를 보더니 "어?" 하기에 나도 아는 사람인가 싶어서 습관적으로 "어?" 하고 쳐다보았다. 남자는 내 말에

웃음을 보이고는 엘리베이터 안으로 들어왔다. 기억을 더듬어도 전혀 모르는 얼굴이라 쭈뼛거리고 있는데 남자는 전혀 내 존재를 신경 쓰지 않는 눈치다. 머쓱한 기분이 드는 차에 엘리베이터는 멈추었고 신사는 자연스럽게 "Have a good day!" 하며 밖으로 나갔다.

'나하고 닮은 동양인 이웃이 있나보지?'

잠시 뒤 볼일을 마치고 다시 엘리베이터를 탔다. 이번에도 중간에 엘리베이터가 멈추었다. 문 앞에는 어떤 여자가 서 있었다. 여자는 손가락으로 아래쪽을 가리키며 내게 물었다.

"Going down?"

"Sure!"

여자는 내게 고맙다고 이야기하며 엘리베이터에 탔다. 그 순간 뇌리를 스치는 생각이 있었다.

아, 'up'이었구나. 그 신사는 내게 알은 척을 한 게 아니라 엘리베이터가 올라가는 도중이냐는 뜻의 "up?"이라고 물은 것이었다. 다행스럽게도 나의 "어?"라는 반응을 그는 "up"으로 알아들었고 말이다.

지금 생각하면 우습기도 하고 어처구니없기도 한 이런 일들은 참으로 많았다. 오랫동안 한국 문화에 젖어 살아온 내가 전혀 다른 환경 속에서 살다보니 어쩔 수 없는 경우도 있었고 알아듣는 귀가 열리지 않아 실수를 한 경우도 있었다. 이런 경험들은 듣기를 위주로 한 영어 학습에 나를 더욱 매달리도록 했다. 30년씩 나이 차이 나는 어린 고등학생들과 한 반에서 수업을 듣기도 했고, 감추어진 비밀의 통로를 찾는 탐험가가 된 양 원어민처럼 영어를 구사하는 큰아들이 평소에 어떻게 말하는지를 주의 깊게 관찰하며 그 비법을 찾아내기 위해 애쓰기도 했다. 그러기를 몇 년. 다행스럽게도 그동안의 노력이 헛되지 않아 영어 소리를 듣는 원리와 영어 문장을 우리말처럼 해석하는 나름대로의 방법을 터득하게 되었다.

나를 비롯한 대부분의 사람들이 영어를 계속해서 배우면서도 여전히 어렵다고 생각하는 이유는 영어 소리를 잘 알아들을 수 없기 때문이 아닐까 싶다. 물론 글자도 알파벳 A, B, C와 한글 ㄱ, ㄴ, ㄷ이 다르기는 하지만 어린아이들이 말을 먼저 배우고 글자를 익히는 것처럼 영어 역시 귀가 뚫리고 말문이 열려야 한다. 무슨 소리인지 알아듣지 못하는데 어찌 말을 유창하게 할 수 있겠는가.

나 역시 중학교, 고등학교, 대학교를 통틀어 10년 넘게 영어를 배웠지만 막상 미국에 도착해보니 영어가 잘 되지 않았다. 그 이유를 지금 생각해보니 글자(문자 영어)를 주로 배웠지 소리(소리 영어)에 대해서는 제대로 배우지 않았기 때문이었다. 정확히 말하면 배울 기회가 없었다. 우리말과 영어의 발성법이 확연히 다른

데 영어식 발성을 배운 적이 없으니 영어 소리를 제대로 듣고 말하기가 수월치 않은 것이 당연한 결과였다.

그래서 오뚝이 영어 공부방 아이들에게 내가 가장 먼저 가르치는 것이 '소리는 소리고 글자는 글자다(소리와 글자는 다르다)'라는 개념과 의성어식 발성법이다. 다행히 의성어식 발성을 통한 학습법이 영어를 듣고 말하는 데 확실히 효과가 있다는 사실을 아이들을 통해 확인할 수 있었다. 또한 영어 소리를 제대로 알아듣게 되면 그 전과는 다르게 영어에 대한 막연한 공포가 없어지고 오히려 즐기는 마음과 열정이 생긴다는 사실도 알게 되었다.

문자 영어도 마찬가지다. 어휘와 표현을 암기하고 문법을 익히는 것이 가장 중요하지만 중학교 수준의 기초 단어만 알고 있어도 보다 쉽게 문장을 읽고 쓰는 방법이 분명 존재한다. 이때 문법에 대한 기초 개념을 확실하게 정립하는 학습법이 무엇보다 우선되어야 하는데, 현재 오뚝이 공부방 아이들의 독해와 영작을 위해 사용하고 있는 뼈대문법과 필사(베껴 쓰기) 훈련이 바로 그것이다. 이 뼈대문법과 필사 훈련을 통해 오뚝이 공부방 아이들의 영어 읽기와 쓰기 능력이 나날이 향상되어가는 모습을 보면 감사한 마음이 든다.

'무의식적으로 영어를 사용하려면 의식적으로 피나는 반복의 노력을 해야 한다'는 사실을 본인이 직접 증명하고 한국의 후학들에게 충고한, 미국인 영어 교사들에게 영어를 가르치는 뉴욕 주립대 영어학과 하광호 교수의 금언을 나는 사랑한다. 소리 영어든 문자 영어든 심는 만큼 거두기 마련이니까.

차례

1장 멀리멀리 돌아온 길

4장 읽고 쓰기를 한 번에!

5장 365일 영어 쉽게 즐기기

멀리멀리 돌아온 길

● 미국 한의사가
● 영어를 못한다고요?

　　　　　　　　　　1996년 40대 초반의 늦깎이로 미국 유학길에 올랐다. 캐나다에 정착하기로 마음 먹었으니 먹고살기 위한 방편을 마련해야 했다. 그러기 위해서는 학위와 면허증이 필요했는데 그걸 얻기 위한 여정이었다.

　미국으로 향하는 비행기 안에서 많은 생각들이 뇌리를 스쳐 지나갔다. 중학교 1학년을 마친 큰아들을 캐나다로 유학 보낸 일부터 시작해, 큰아들과 함께 생활하기 위해 캐나다 대사관에 이민 신청을 한 일, 두 형님과 누님, 여동생이 한국에 살긴 하지만 노모 곁을 떠나는 것이 어머님께 다시 못할 불효는 아닐지 힘들어하던 일 등. 여러 가지 상념에 요 며칠 제대로 눈을 붙여보지도 못한 터라 피곤했지만 '앞으로 20년 후에 당신은 저지른 일보다 저지르지 않은 일에 더 실망하게 될 것이다. 그러니 밧줄을 풀고 안전한 항구를 벗어나 항해를 떠나라. 돛에 무역풍을 가득 담고 탐험하고, 꿈꾸며, 발견하라'는 작가 마크 트웨인의 개척 정신을 떠올리며 미국 땅을 밟았다.

한국에서는 동네에서 이웃들의 사랑을 듬뿍 받는 약국을 운영 했던 나지만, 캐나다에 가서는 어떤 직업을 가지고 살아가야 할 것인지 걱정이 안 될 수가 없었다. 내가 좋아하고 내 능력을 십 분 발휘할 수 있는 일, 동양인이라는 사실이 불리하게 작용하지 않을 일이 과연 무엇일까? 심사숙고하던 끝에 한의사란 직업을 선택하기로 결정했다.

1993년부터 중국 하얼빈에 있는 명문대학 '흑룡강 중의학원' 의 함수반 과정을 공부해 예과 3년 과정을 끝낸 터라 일단 내 능력을 최대한 활용할 수 있는 분야고, 동양인이라는 점이 되레 유리하게 작용할 수도 있는 직업인지라 그만하면 도전해볼 만 하다고 여겨졌기 때문이다. 의약 분야에서 침술은 서양인들에 게 아직 낯선 영역이라는 사실이 무엇보다 금상첨화라는 생각 도 들었다.

이런저런 과정과 연유로 나는 미국에서 한의학이 가장 꽃피 고 있다는 캘리포니아에서 한의사 면허증과 가능하다면 학위까 지 따기 위해 유학길에 오른 것이었다. 그 당시 캐나다에서는 한의학이 태동한 지 얼마 되지 않은 때였고, 미국 캘리포니아 주의 면허증이 있으면 북미 지역 어디에서나 개업이 가능했기 때문에 내릴 수 있었던 결정이었다.

내가 다니게 될 대학은 사우스 베일로 한의대. 캘리포니아에 있는 한의대 중 규모가 가장 크고 역사 또한 오래된 학교다. 한국의 침술 대가인 구당 김남수 선생도 자녀를 이 학교에 보낼 만큼 탄탄한 실력을 갖춘 교수진이 이 학교의 자랑이란다.

그런데 막상 학교 생활을 시작해보니 영어가 제대로 들리지 않았다. 생각보다 영어의 벽이 높게 느껴졌다. 영어로만 된 전공책으로 공부해나가는 일도 만만치 않았지만, 머리를 질끈 동여매는 결심과 끈기만 있으면 해낼 수 있겠다는 판단이 섰다. 하지만 듣기가 안 되는 것은 이를 앙 다문다고 해결될 문제가 아니었다. 물론 한국에서 익힌 영어 내공으로 간단한 생활회화 정도는 가능했지만, 미국에서 생활을 하며 공부를 한다는 것은 차원이 다른 문제였다. 간혹 교내에서 낯익은 외국인 학생들과 말을 섞을 기회가 있어도 간단한 안부나 날씨를 묻는 정도에서 대화가 끊기고 말았다. 동양인인 내게 한의학 용어에 대해 묻는 학생들도 있었지만 벙어리 냉가슴이었다. 내가 알고 있는 지식을 내 입으로 설명하기 어렵다는 것이 얼마나 답답하던지. 상대방도 곧 알아차린다. 개념 설명을 하기에는 역부족인 내 영어 실력의 현주소를 말이다. "No problem." 괜찮다는 웃음을 짓지만 그럴 때마다 내 속은 쓰렸다. 그리고 갑갑했다. 그동안 영어에 투자한 시간이 얼마인데 왜 영어가 생각대로 잘 안 되는 거지? 왜 저들의 말을 알아들을 수 없는 거지?

　제대로 듣지 못하고, 제대로 말하지 못하는 불편을 겪고 있었음에도 불구하고, 미국에서의 유학 생활은 책과의 씨름이 우선이었다. 현지에서 대학을 졸업한 젊은이들과 겨루어 당당히 면허 시험에 합격하려면 달리 방도가 없었다. 어서 말을 배우고 귀를 트이게 하고 싶었지만 수업 듣고, 책을 읽고, 정리하고, 달달 외우는 것만으로도 힘에 겨운 날들이었다. 영어를 유창하게 말하고 싶고, 제대로 듣고 싶다는 나의 꿈은 한마디로 그림의 떡이었다.

　그러던 중 피할 수 없는 운명의 코스가 있었으니, 4년제 대학교를 졸업한 학생들이 입학해 3년간 공부하는 미국의 한의대생이라면 누구나 거쳐야 하는 960시간의 임상 인턴 생활이었다. 이 기간 동안 한의대생들은 대학병원에서 슈퍼바이저 감독하에 환자에게 직접 침을 놓고 뜸을 뜨는 등의 치료 활동은 물론이고 환자 차트를 작성해 슈퍼바이저의 심사를 받아야 한다. 960시간이면 무려 1,000명이 넘는 환자를 진단하고 치료할 수 있다. 한의대생 입장에서는 실력 있는 한의사가 될 수 있는 대단히 좋은 기회지만, 나처럼 영어가 '짧은' 학생들에게는 이중고를 안겨주는 이른바 고행성 축복이었다.

나 역시 인턴 생활을 하면서 환자를 치료하는 일보다 그들과의 소통에 어려움을 겪었다. "팔을 들어보세요. 뒤로 젖혀보세요. 허리를 쭉 펴보세요. 이번에는 비틀어보세요. 허리를 쭉 펼 때와 비틀 때 느낌이 어떻게 다른가요?"

이런 표현이 한국말처럼 쉽게 튀어나오지 않았다. 또 외국인 환자들이 이야기하는 증상을 다 이해하지 못해 그들이 손을 어디에 짚는지 유심하게 보고 눈치로 맞히기도 했다. 중학교, 고등학교, 대학교를 통틀어 10년 넘게 영어를 배웠지만, 인턴 실습하는 동안 큰 도움을 받을 수 없었던 나는 환경에 순응하느라 어쩔 수 없이 '과묵하고 점잖은 신사'의 이미지로 버티는 수밖에 없었다.

그때 다시 한 번 느꼈다. 이곳에서 살아남기 위해서는 원어민처럼 듣고, 말하는 것이 첫 번째 미션이라는 것을. 하지만 내게는 면허 시험에 통과하는 게 급선무였다. 면허 시험을 통과하지 못하면 미국에 와서 공부하느라 쏟아부은 몇 년이라는 시간과 땀과 돈이 억울한 것은 둘째 치고, 곧 시작될 이민 생활에서 백수 가장으로 신고식을 해야 할 판이었으니 말이다. 그러니 더욱 시험공부에 매달릴 수밖에 없었다. 게다가 영어로 된 면허 시험을 무려 네 시간 동안 치러야 한다는 공포 수준의 중압감은 미국 생활 내내 더욱 책에만 전념하도록 만들었다.

드디어 면허 시험을 보는 날. 시험지를 받는 순간까지 자신이 없었지만 역시 한국인은 시험에 강했다. "왔노라, 배웠노라, 땄노라."

어릴 적 중학교 입학시험부터 고등학교, 대학 입학시험, 그리고 약사 면허증 시험까지. 시험으로 단련시켜 나를 시험 체질로 만들어준 대한민국의 입시 교육 덕분에 캘리포니아 주정부가 주는 한의사 면허증을 손에 쥘 수 있었다. 용기백배한 나는 캐나다에서 개원하면 학위가 도움이 될 거라는 충고를 받들어 내친김에 한의학 박사 과정까지 끝냈다. Now, I'm ready. I'm ready to go!

이제 남은 건 캐나다에서의 새로운 개척, 새로운 삶이었다. 그동안의 고생도 잊은 듯 사뭇 고양된 마음으로 캐나다 영사관에 이민 인터뷰를 하러 갔다. 온화한 인상을 가진 캐나다 영사와 우리 가족 간의 인터뷰는 화기애애한 분위기에서 시작되었다. 간단한 인사말과 서로의 소개가 있은 뒤 처음 몇 가지 질문에는 그럭저럭 무난하게 대답했는데 조금 시간이 흐르면서 난이도가 급격이 높아지는 질문들이 나오기 시작했다. 달달 외우다시피 한 해외이주공사가 마련해준 예상 문제에도 없었고, 인터뷰를 통과하고 캐나다 영주권을 받은 이민 선배들이 물려준 애국심이 담긴 족보에도 없는 질문들이 나오자 '어~ 이거 뭐지?' 하고 차츰 당황하는 마음이 들면서 교감 신경 흥분 증세가 나타나기 시작한다. 침이 마르면서 호흡이 가빠지고 이마에 땀이 다 나는 것 같다. 평상심을 유지해야 한다고 스스로에게 타이르지만 별 소용이 없다. 심장 박동 소리가 곁에 앉은 아들에게까지 들렸는지 녀석이 자신의 유창한 영어로 곤경에 처한 아버지를 중간중간 대변하기 시작했다. 간간이 한국말로 우리 부부에게 영사가 던진 질문의 요지를 알려주는 재치와 자신의 설명에 대해 아버지로부터 동의를 받아내는 여유를 보이며 말이다. '녀석, 다 키웠구면.'

지금도 기억에 남는 질문은 사회적으로 경제적으로 기반을 잡은 나이에 부부가 다 약사라는 좋은 직업과 일터를 가지고 있는데 왜 다 포기하고 캐나다로 이민 오려고 하느냐는 질문이었다. 젊은 나이도 아닌데 사람도 설고 말도 설은 이국땅에서 구태여 다시 시작할 이유가 있느냐는 거였다. 영사로서의 공적인 인터뷰 질문이라기보다 걱정하는 마음이 담긴 친구의 사적인 질문 같았으나 답변하기는 참으로 곤란했다. 한국 이민자들의 획일적인 대답인 '자녀 교육 때문에', '더 좋은 삶의 질을 찾아서' 등은 가급적 피하라는 이주공사 담당자의 충고를 들은 터라 더욱 그랬다. 새로운 미래를 위한 개척 정신, 새로운 삶을 위한 도전으로 이해해달라는 요지로 내 뜻을 밝혔다. "Great!" 영사의 시원

스런 멘트와 함께 이민 인터뷰가 끝났다. 감사 또 감사. It shall
also come to pass(이 또한 지나리라). 대사관 문을 나서면서 아들
이 한마디 한다.

"아버지, 그렇게 긴장하신 모습 처음 뵈었어요."

● 말보다 강한
❜ 진심

　　　　　　　　　캘리포니아에 있는 캐나다 대사관에서 가족들과 함께 이민 인터뷰를 한 몇 달 후 영주권을 받고 드디어 캐나다의 중부 매니토바 주의 수도인 위니펙에 도착했다. 영화 〈닥터 지바고〉의 촬영지로 널리 알려진 눈의 도시. 겨울에는 수은주가 영하 50도 이하로도 내려가는 맹추위로 인하여 별명이 '윈터펙'이라고. 여름에는 담요도 뚫는 폭격기 수준의 모기가 명성을 떨치는 곳이란다.

　캐나다 영주권자로서 새 삶을 시작한다는 기대감과 가장으로서의 책임감이 깃발처럼 펄럭였지만 마음 한구석에 자리 잡고 있던 불안감도 슬며시 고개를 쳐든다. 나 스스로는 알고 있었다. 미국에서의 생활과 캐나다 대사관에서의 인터뷰 이후 줄곧 마음을 무겁게 하는 이 불안감의 원인은 영어 듣기라는 것을.

　미국에서 공부하던 시절 부족한 영어 듣기와 말하기 실력으로 인해 불편함과 제약을 받기는 했지만 그 당시 유행하던 《CES》라는 영어 회화 책 한 권과 원어민 음성을 녹음한 테이프를 모조리 암기하고 간 상태였고, 간단한 대화는 그런대로 소화할 수 있는 기본 내공과 눈치는 갖추어져 있었기에 심각할 정도의 애로사항을 겪은 기억은 별로 없는 듯하다. 간혹 내 능력이 감당하기에 역부족인 상황이 발생하면 당시 다니고 있던 한인교회의 이종곤 목사님께서 슈퍼맨처럼 나타나 해결해주신 덕에 더욱 그러하였다. 하지만 지금은 양상이 다르지 않은가.

　'걱정하지 말자!' 나 자신에게 타일렀다. 'Where there is a will, there is a way(뜻이 있는 곳에 길이 있다)'라는 격언도 있지 않은가. 영어로 된 그 어려운 면허 시험도 가볍게 패스한 내가 아닌가? 까짓것 영어로 듣고 말하는 것도 또 한 번 이를 앙 다물고 노력하면 못 해내겠어? 한의사 면허증도 땄고, 영주권도 받았고, 캐나다로 이사도 왔으니 이제 남은 마지막 관문은 전문인 수준의 영어를 구사하는 일이다. 소리 영어에 올인!

　그 후부터 귀가 뚫리는, 귀가 열리는 등등의 문구가 적힌 수많은 듣기에 관한 교재를 섭렵하기 시작했다. 주말이 되면 영화를 일곱 편씩 빌려다 놓고 밤새도록 눈을 비비며 귀를 쫑긋 세웠다. 얼마나 잘 들리나, 얼마나 늘었나, 매주 확인했다. 분명히 조금 나아지는 느낌은 있었지만 한국말처럼 귀에 쏙쏙 들어오지는 않았다.

매일 저녁 날이 저물고 나면 아들과 함께 서스캐처원 주립대학으로 향했다. 우리 둘은 소위 도서관 '죽돌이'로 통했다. 겨울밤 딱히 갈 데도 없으니 매일 집에서 저녁 식사하고 나면 학교 도서관으로 가서 시간을 보내는 게 일상이었다. '커피와 빵을 살 수 있는 매점부터 식당, 문방구, 음료수와 스낵 자판기, 복사기, 프린터, 인터넷 검색이 자유로운 컴퓨터, 온수 콸콸 나오는 화장실까지 막말로 죽치는 데 이보다 더 좋은 장소가 있으면 나와보라고 해.' 우리 부자는 죽돌이들답게 거의 매일 자정이 다 되어서야 가방을 챙겼다. 도서관을 나서면서 올려다본 하늘은 참 아름다웠다. 천상의 커튼이라고 불리는 오로라가 하늘에서 춤을 추는 듯한 광경은 아름답다 못해 신비롭기까지 했다. 한국에서는 볼 수 없었던 풍경에 넋을 놓고 있다가 가끔은 집에 들어가 자야 한다는 사실도 잊곤 했다.

내가 사는 집에서 5분만 차를 타고 외곽으로 나가면 서스캐처원 주의 대평원이 펼쳐진다. 서스캐처원 주의 이름은 서스캐처원 강에서 따왔다고 한다. 원주민 언어인 크리어로 '빨리 흐르는 강'이라는 뜻이다. 북미 대륙 중부의 대평원에 위치한 이 강은 서쪽은 앨버타 주, 동쪽은 매니토바 주, 남쪽은 미국 몬태나 주와 접해 있다. 앞을 보아도 뒤를 보아도 그리고 옆을 보아도 사방이 모두 지평선이다. '살아 있는 하늘 나라^{Land of Living Skies}'로 불리는 이 땅. 하늘을 닮아서 이렇게 넓은 것일까? 바다같이 넓게 펼쳐진 대평원. 멀리 드문드문 보이는 한두 채의 농가는 내 고향 남쪽 바다 다도해 섬들처럼 정겹게 여겨진다. 그뿐 아니다. 크기는 남한의 열 배쯤 되는 다시 말하면 우리나라 전체 면적보다 다섯 배나 넓은 땅인데도 살고 있는 인구는 100만 명에 불과한 곳. 그런 탓인지 마주 오는 차만 봐도 반갑고 사람을 만나게 되면 웃으며 인사하는 일이 너무나 자연스럽고 당연하다. 이런 대평원에선 사람 만난다는 것 자체가 쉽지 않으니까.

그날도 지평선 너머까지 확 트인 대평원을 달리고 싶어 집을 나섰다. 아마 어느 토요일 오후였을 것이다. 프린스 앨버트 공원 쪽으로 한 시간쯤 달려가다 주유소에 딸린 조그만 식당에서 커피 한잔 하면서 책을 보고 장엄한 대평원의 일몰을 보면서 감탄과 황홀의 도가니에 빠져봐야지.

집을 떠난 지 30분이 채 되지 않았을까. 어쩐지 느낌이 이상해서 길 옆에 차를 세웠다. 아뿔싸! 바퀴에서 바람이 새고 있다. 이를 어쩐다. 정비소에서 타이어 교체하는 걸 몇 번 본 적은 있지만 내가 해본 적은 한 번도 없었다. 아들 녀석한테 전화를 해야 하나, 고민하고 있던 찰나 맞은편에서 오던 차가 끽 하고 선다. 수염이 얼굴의 반을 덮은 중년 남자가 고개를 쑥 내밀더니 묻는다.

"Any problem(무슨 문제 있어요?)?"

"The tire went flat(타이어가 고장 났어요)."

남자는 도와줄까 묻지도 않고 차에서 내리더니 자기 차에서 몇 가지 연장을 들고 와서는 뚝딱 바퀴를 갈아준다. 그러고는 10분도 채 되지 않아 "That's OK" 한다. 엉겁결에 "Thank you. But how much…"까지 말했는데 그는 벌써 차에 시동을 걸고 있다. 그리고 순식간에 "Bye!" 하며 손을 흔들고 가버린다. 캐나다가 너무 좋아지는 순간이다.

캐나다 고딩들과의 60시간

틈나는 대로 도서관에서 책을 읽고 이민자들을 위한 프로그램에 매달려 지냈지만 아무래도 혼자서 하는 영어 공부에는 한계가 있었다. 마침 개업할 때까지 시간적 여유가 생겨 당분간 루터교 신학 대학원Luthern seminary을 다니게 되었다. 캐나다 대학원 학생들과의 대화를 통해 그리고 수업을 통해 듣기와 말하기 능력도 향상시키고 성경과 언어뿐만 아니라 앞으로 내가 살아가야 할 캐나다 역사와 문화까지 섭렵하겠다는 야무진 꿈을 품었다.

입학 허가를 받기 위해 토플 시험을 보았더니 문법은 만점인 데 반해 듣기 점수는 반타작 수준에 그쳤다. 역시 듣기가, 그렇게 몸부림을 쳤건만.

대학원은 규모가 크지 않았다. 한 학년이 열 명 내외고 전 학년이라고 해봐야 서른 명 안팎이었다. 모두 한 건물에서 지내다 보니 금방 얼굴이 익고 친해졌다. 그들 중 대부분은 캐나다에서 태어나고 자란 현지인들이고 나를 비롯한 아시아 출신이 몇 명, 아프리카에서 온 사람이 하나 있었다. 신학 대학원의 커리큘럼은 어느 과목이나 정해진 분량의(꽤 많은) 책을 읽고 리포트를 쓰고 발표하고 토론하는 것이 기본이었다. 캐나다 문화를 배우고 영어를 숙달하기엔 최적의 조건이었다. 책을 읽고 리포트를 제출하고 주제를 발표하기까지는 어떻게든 버텨냈지만, 토론이나 자기 의견을 말하는 시간만 시작되면 나는 미국에서 인턴 생활할 때의 모습으로 되돌아갔다. "미소로 말을 대신하는 과묵한 동양인 신사." 아, 이런 시간에 침묵은 금이 아닌데.

우여곡절 끝에 한 학기가 끝나고 첫 번째 여름방학을 맞았다. 듣기와 말하기를 완성할 최적의 기회인 이 시기를 어떻게 활용할까? 어떻게 하면 이 기간에 획기적으로 원어민처럼 듣고 말하는 능력을 기를 수 있을까? 다각적으로 방법을 찾던 중 이웃에 사는 고등학생으로부터 우리 동네에서 멀지않은 자기가 다니는 고등학교에서 서머 스쿨을 하는데 한 달여에 걸쳐 소설 한 권을 철저하게 마스터한다는 정보를 입수했다. 괜찮을 것 같다는 감이 들어 캐나다에서 학창 시절을 보낸 큰아들의 의견을 물어본다. "아들, 애비 나이에 고딩들과 공부하는 게 좀 쑥스럽지 않겠

냐?" 아들 왈, "여기선 그런 거 별로 괘념치 않아요." 괜찮을 거라
는 이야기렸다. 그렇다면 도전!

다른 지역에서 수강하러 오는 학생들의 지원서를 접수하는 교
육청 담당자가 내게 확인차 묻는다. "댁이 공부한다고요? 아님
댁의 아이?" 앞머리가 희끗한 중년의 동양 남자에게 혹시 잘못
들은 건 아닌지 재차 확인하는 담당자. 영어 공부가 절실한 내
처지를 잠시 설명하니 흔쾌히 신청을 받아주며 수강 확인증과
교재인 소설을 나누어준다. 순전한 내 느낌이지만, 감동 먹은 듯
한 얼굴로 건투를 빌어주는 덕담까지 건넨다. "Good luck!"

집에 와서 책을 펴 보니 제목은《그들은 밤에 동물을 우리에
가둔다They cage the animals at night》, 작가는 제닝스 마이클 버치Jennings
Michael Burch다. 고아원에 버려진 여덟 살 소년 제닝스가 소설의 주
인공이다. 먹고살기가 힘들어 입 하나라도 덜어보려고 주인공을
고아원에 맡긴 엄마. "곧 다시 데리러 올게I'll be right back." 이 한마디
약속만 하고 떠난 엄마. 세월이 지나도록 오지 않는 엄마를 기다
리는 소년의 아픈 감정을 잘 묘사한 작품이다. 작가 제닝스 마이
클 버치 자신의 어릴 적 경험이 담긴 자전적 소설이란다.

첫날 수업을 들으러 교실에 들어가니 늦둥이 아들딸 같은 열
여덟 살 녀석들 눈이 휘둥그레진다. 귀여운 녀석들. 미소와 함께
"Hi, everyone" 인사를 던지며 맨 앞자리에 앉았다. 선생님도 잠

시 놀라는 표정을 짓더니 수업 들으러 온 게 맞는지, 이름은 무엇인지 묻고 출석부로 확인한다. 그러고는 분위기 파악을 할 겨를도 없이 바로 수업에 들어간다. 이 나이에 다른 나라에 와서 고등학교 수업도 들어보는 이 특이한 경험. 대학원생들 수업과는 전혀 다른 분위기를 음미할 틈도 없이 비몽사몽간에 첫날이 지나갔다.

처음에는 쭈뼛쭈뼛하며 낯설어하던 녀석들이 며칠 지나자 친근감 있게 대하기 시작한다. 워낙 나이 차이가 나는 탓인지 별로 스스럼이 없는 것 같다. 이해가 잘 안 되는 표현이나 숙제 내용을 물으면 늦은 나이에 학교에 들어온 삼촌을 대하듯 자세히 설명해준다. 늙기도 서러울 텐데 서머 스쿨까지 들으실까, 뭐 이런 거겠지.

매일 정해진 분량을 읽고 쓰고 공부한 내용에 대한 리포트도 제출하느라 하루하루 바쁘게 지내다보니 벌써 마지막 평가 시험이 코앞이다.

한 달 동안 오며 가며 먼저 인사와 미소를 던지는 녀석들. 헤어진다고 생각하니 아쉬운 마음이 든다. 그새 정이 좀 들었나보다. '캐나다 고딩'들과의 60시간. 내 평생 기억될 재미있는 추억이었다. 몇 주 후에 교육청으로부터 날아온 성적표에는 'Mark 78%'라고 찍혀 있었다. 만족할 수도 그렇다고 실망스럽지도 않은 점수였다.

● 유레카!
❚ 비밀을 찾다

이제 서머 스쿨도 끝나고 다시 혼자만의 싸움이 시작되었다. 이번에는 영어 잘하는 사람을 관찰해보기로 정했다. 모방은 창조의 어머니니까.

나의 관찰 대상은 가장 가까운 곳에 있었다. 바로 큰아들. 아들이 우리말을 할 때와 영어권 친구들과 말할 때가 다르다는 느낌을 받은 것은 꽤 오래전부터였다. 방학이라 한국에 나와 있던 큰아이가 하루는 거실에서 캐나다 친구들과 통화를 하는데 그것을 듣고 있던 아내가 내게 와서 묻는다. "여보, 큰애가 영어로 전화할 때 들어보면 평상시 우리와 말할 때하고 좀 다른 것 같지 않아요?"

그쪽에서 오래 살면 당연히 그렇게 되나보다. 그냥 그런가보다. 그럴 수도 있겠지 정도로 생각하고 넘어갔는데 막상 캐나다에서 살게 되면서 영어를 우리말처럼 알아듣는 일이 생각만큼 빠른 시간 내에 완성되지 않고 급기야 시급한 문제로 떠오르자 같이 생활하는 아들에게 해답을 찾는 것이 가장 합리적이겠다는 생각이 들었다. 그래서 처음에는 본인에게 우리말로 이야기할 때와 영어로 이야기할 때 느낌이 어떻게 다른지 물어보았다. 그런데 막상 아들의 답은 의외였다.

"그래요? 전 전혀 못 느끼겠는데요."

본인이 의식하지 못하는 사이에 자연스럽게 된다는 뜻이었다. 그 후부터 함께 생활하는 아들이 전화를 할 때나 혹은 사람들을 만나 이야기할 때에 무엇이 다른지 알아내기 위해 거의 탐정 수준의 예리하고 날카로운 관심을 가지고 관찰했다. 그러나 오리무중. 분명히 다르긴 한데 딱히 이것이라고 꼬집어 말할 수 있는 점은 발견할 수 없었다. 심증은 있으나 물증이 없는 답답한 경우랄까. 막연히 우리말을 할 때보다 묵직한, 배에서 나는 소리인 것 같고, 그래서 소리가 더 굵게 나는 거 같고. 영어의 악센트와 억양이 우리말보다 현저한 건 삼척동자도 다 아는 사실인데 그 차이점은 어디에서 오는 걸까?

미국과 캐나다의 이민자들이 현지에서 살아가는 햇수가 거듭될수록 직장이나 일상 속에서 원어민들을 만나 이야기를 나누는 일들도 더 잦아지게 마련이다. 게다가 동양인들을 만났을 때는 천천히 또박또박 이야기해주는 친절한 현지인들도 많다보니 그들의 배려 영어와 점점 넓어지는 문화적 이해를 바탕으로 타국에서의 생활에 차츰 적응하게 된다. 그러고는 자신의 영어 수준에 맞는 활동 영역에서 살아가는 것이다.

캐나다와 미국에서 만난 많은 이민자들이 영어의 산을 끝까지 오르려 하지 않고 중턱에 앉아 있는 것처럼 여겨졌다. 현지인들보다는 많이 모자라는 실력일지라도 생계 유지와 일상 생활에 큰 불편함이 없으면 그것만으로도 만족스럽게 여기기 때문이다.

그러나 전문직 종사자로 이 땅에 당당히 뿌리를 내리고 살아가려면 원어민과 비슷한 수준의 영어 구사가 필요하다. 어떻게 영어의 정상에 오를 것인가? 어떻게 하면 영어를 우리말처럼 쏙쏙 알아들을 수 있단 말인가? 영어 소리 발성이 우리말 발성과 다르다는 것은 확실히 알겠는데 어떻게 다른가에 대해서는 뚜렷하게 잡히는 것이 없었다. 한 가지 소득이 있다면 왜 우리말처럼 잘 안 들리는가, 어떻게 다른가로 생각의 전환이 왔다.

찾는 자가 찾게 되고 문은 두드리는 자에게 열린다고 했던가. 어느 날 발간된 지 한참 된 월간지 《신동아》에서 발성에 대한 기사를 우연히 읽게 되었다. 나와 같은 고민을 갖고 있다가 자신의 방법으로 해결한 J선생의 이야기가 실려 있었다. 영어 소리와 우리말 소리가 어떻게 다른지에 대한 막연한 감만 느껴지는 내가 J선생의 발성에 대한 설명을 읽던 중에 "바로 이거다"라는 느낌이 왔다. 오랫동안 뿌옇게 윤곽만 보이던 것이 뚜렷해지는 감격의 순간이었다. 영어가 성큼 내 곁으로 다가오는 기분이 들었다. J선생이 주장하는 이론의 많은 부분이 내가 느끼고 생각하고 추정하던 바와 달랐으나 아무 상관없었다. 가장 중요한 원리가 똑같았기 때문이었다. 그의 표현을 빌리자면 그것은 '기본 발성과 스피드 복합 발성'이었다. 그 후 이 두 가지 발성이 간단하게 '의성어식 발성법'으로 표현된다는 사실을 알게 되었다.

그때부터 나와 J선생이 동일하게 느낀 발성법에 확신과 기대감을 가지고 본격적으로 소리 내어 연습하기 시작했다. 시간이 허락하는 대로, 주로 사람들이 없는 곳에서. 그중에서도 서스캐처원 주립대학 내의 주차장이 가장 연습하기 좋은 장소였다. 내가 다니던 신학 대학원과도 아주 가까운 거리라 더욱 좋았다. 한 주 두 주 연습하고 한 달 두 달이 지나면서 영어가 확실히 더 또렷이 들리기 시작할 때의 느낌은, 구름 속을 걷는 기분walking on the cloud 그 자체였다.

● 영어는
❜ 날개를 달았지만

        매일 아침 집을 나서면 만나는 이웃들이 거의 습관적으로 얼굴에 미소를 머금고 인사를 해온다. 물론 대부분이 모르는 사람들이다. 낯선 사람이 미소를 띠며 인사를 건네면 되레 경계태세에 들어가며 썰렁해지는 우리 문화와는 정말 많이 다르다.

    "Hi~, Hi there~, Morning? How are you doing? how are you? how is it going(안녕, 좋은 아침이에요. 잘 지냈어요?)?"

    아주 간단한 인사말들이다. 처음에는 낯설고 익숙하지 않기 때문에 긴장해서 듣게 된다. 그런데 이처럼 쉬운 표현들도 내뱉듯이 툭 빠르게 말하면 알아듣기가 절대로 만만치 않다. 그러다 보니 "Good!" 한마디만 하면 되는 답례 인사도 어색하게 여겨지고 그마저도 놓치게 되는 경우도 있다. 심지어는 정색을 하고 "I beg your pardon please(다시 한 번 말씀해주시겠습니까?)" 하고 묻다가 손사래를 치며 떠나는 외국인 친구의 뒤통수를 바라봐야 하는 웃지 못 할 해프닝도 경험하게 된다.

그런 아침을 매일 맞고 차츰 그 생활에 익숙해지면 상대방이 입을 여는 모습만 봐도 혹은 "하!" 하는 소리만 들려도 인사하는구나 감을 잡고 함께 미소를 보이는 여유와 함께 "Great!"이라는 인사를 보내게 된다. 그리고 더 익숙해지면 내가 먼저 "Hi~, Hi there~, Morning? How are you doing? how are you? how is it going?"이라고 선제 공격하는 경지에 이르게 된다.

영어권 문화가 익숙해지면서 나날이 내공이 쌓이면 우체국이나 식당, 극장에 가서도 "Next!"란 말만 들리면 다음 차례가 되었구나, "Order!"란 말만 들리면 주문해야지 이렇게 상황 파악이 되지만 처음부터 그런 고수가 되기는 힘들다. "Next customer"인지 "Next one"인지 "Next in line"이라고 말하는 건지 그리고 "What would you like"라고 말하는지 "Would you like"인지 제대로 알아듣기 위해 귀를 쫑긋 세우고 긴장하기 마련이다.

영어식(의성어식) 발성 훈련을 통하여 위에서 언급한 영어 표현들을 눈치로 알아듣는 것이 아니라 차츰 우리말처럼 또렷하게 들리기 시작하면서 달라진 나의 모습. 다분히 감에 의지해서 해결하던 살아남기식survive 영어가 확실히 듣고 대처하는 영어로 업그레이드되니 자신감이 생기고 자꾸 대화하고 싶은 충동이 일었다.

실제로 신학 대학원에서 공부할 때 만난 미카엘Michael Wellman은 좋은 친구였다. 친하게 지내면서 여러모로 많은 도움을 받았는데 말을 너무 빨리 하는 통에 항상 긴장해야 하는 애로사항이 있었다. 그러던 내가 대학원에서 강의를 들을 때도, 급우들과 잡담을 나눌 때도, 집에서 TV를 볼 때도 가벼운 흥분과 희열이 느껴진다. 이제 제대로 들리기 때문이다. 원어민들을 마주 보고 이야기할 때 귀에 쏙쏙 들어오는 이 기분을 어떻게 표현할까? 이민 생활 이후 발목을 잡아오던 듣기가 풀리면서 이제 모든 것이 제자리를 찾게 되는 것 같다. 허물어져가던 자존감과 자신감도 다시 살아나기 시작한다. 이제 이 낯선 땅 어디에 개원해도 문제없다는 자신감이 솟았다. 윌리엄 헨리의 시 〈인빅터스Invictus〉의 마지막 부분에 나오는 이 말이, 그때의 내 심정이었다.

"운명아 비켜라! 내가 간다!I am the master of my fate: I am the captain of my soul"

영어를 듣고 말하고 읽고 쓰는 것이 내가 기대했던 만큼 궤도에 오르자 신학 대학원을 마치면 원래 계획대로 한의원을 개원할 수 있으리라는 꿈이 무르익어갔다. 그렇게 이민 생활의 1막을 마무리하고 난 뒤, 캐나다인들이 경험하지 못했던 내 나라의 의술로 2막을 멋지게 펼쳐보이리라.

"Mamma always said, Life is like a box of chocolates. You never know what you're gonna get(우리 엄마는 늘 인생은 초콜릿 상자 같은 거라고 말씀하셨죠. 어떤 초콜릿을 고르게 될지 아무도 모르니까요)."

내가 즐겨 보는 영화 〈포레스트 검프Forrest Gump〉에 나오는 명대사 중의 하나다. 이 영화는 남우주연상을 포함해 무려 여섯 부문에서 아카데미상을 거머쥔 명작이다.

그 대사는 내게도 해당되었다. 캐나다에서 공부하는 사랑하는 자녀를 위해 시작하게 된 10여 년간의 이민 프로젝트를 접고 구순을 넘기신 사랑하는 어머니 곁에서 지내기 위해 귀국을 결정한 것이다. 한국으로 다시 돌아오리라는 결정은 이민을 결심할 때보다 더 어려웠다. 새로운 개척지를 위해 전력투구하다 긴 여정을 끝내고 다시 원점으로 돌아가려는 마음이 쉽지는 않았지만 큰아들을 잃고 힘들어하시는 어머님 마음에 비할 수 있으랴. 귀국길 긴 비행 시간 동안 내 머릿속에는 쉴 새 없이 많은 생각이 떠올랐다. 미국과 캐나다에서의 파란만장했던 경험은 내 인생의 궤적에서 어떤 의미로 남을까? 10년 동안의 좌충우돌 영어 탐험은 내 인생에서 또 어떤 의미로 자리매김하게 될까?

2장

시골 약사,
영어 선생님이 되다

● 너, 나랑
● 영어 공부할래?

한국으로 돌아온 막내아들과 함께 보내는 시간을 기뻐하시는 어머님을 뵙고 나니 잘한 결정이라는 생각이 들었다. 이루지 못한 일도 많았고 아쉬운 일들도 있었지만 이 세상에 어머님보다 소중한 보배가 또 어디 있으랴. 나 또한 어머니 곁에서 행복했다.

지인의 소개로 경상남도 의령군 부림면 신반리에 위치한 부림약국을 물려받아 경영하기 시작했다. 큰 산 아랫자락 논과 밭에 둘러쌓인 농촌에서의 생활은 풍성한 인심으로 아늑했고 자연의 정취를 쉽게 느낄 수 있어 참으로 좋았다. 노인 분들이 생각보다 훨씬 많다든지 동남아에서 온 결혼이민자들도 적지 않은 등

내가 어릴 적에 경험한 농촌의 풍경과는 사뭇 달랐지만 캐나다의 대평원 지대에서 살며 느끼던 평온함을 곳곳에서 만날 수 있었다.

예전이나 지금이나 교통이 불편하고 편의 시설이 부족한 것은 농촌 생활이 지니는 문제점이다. 학생들을 위한 교육 시설이나 문화 기반들은 가슴이 아플 정도로 턱없이 부족하다. 우리 다섯 남매를 모두 서울로 유학 보내신 부모님의 남다른 교육열에 힘입어 17년 동안 서울에서 공부할 수 있었던 나로서는 부림면의 어린 학생들에게 왠지 미안한 마음조차 들었다. 내가 이 아이들에게 어떤 도움을 줄 수 있을까 궁리하다보니 영어가 떠올랐다. '그래, 내가 유학하면서 얻은 경험을 바탕으로 아이들에게 영어를 가르쳐보자!' 그렇게 마음을 먹고 학생들을 물색하던 중 편찮으신 아버지 약 심부름을 하기 위해 약국에 자주 오고 인사를 참 잘하는 열네 살 홍식이를 1차로 찍었다. "너, 나랑 영어 공부할래?" 하고 물었더니 고민해보는 눈치도 없이 바로 '아니오'란다. 이게 웬 떡이냐 하며 감지덕지할 줄 알았는데. 약간 황당한 마음과 괘씸한 마음이 섞이면서 오기가 일었다. '어? 이 녀석이 복을 걷어차네.'

전략을 바꿔 홍식이 아버지에게 전화를 걸었다. 홍식이가 영어에 재능이 있어보이는데 본인이 별로 탐탁지 않게 생각하니 한번 설득해보시라고 했다. 물론 수업료나 교재나 아무런 부담 없이 아이만 보내주시면 된다고 했다. 며칠 후 홍식이가 나랑 영어 공부를 하고 싶단다. 홍식 아버지가 녀석을 제대로 구워삶으셨구나.

홍식이의 영어 수준을 이모저모 점검해보니 공부보다는 친구들과의 우정을 바탕으로 학교생활을 즐겁게 하는 유형의 학생임을 알려주는 요소들이 금방 드러났다. 그것도 초등학교 시절부터 오랜 세월을 꾸준하게 변함없이.

홍식이의 자신감과 자존감을 올려주기 위해서는 성적을 급등시킬 수 있는 방법으로 시작하고, 그 후 가시적인 결과가 나타나면 실력 위주의 학습 방법으로 바꾸어야겠다고 나름대로 방향을 설정했다. 학교에서의 수업 진행 방식이나 학생들의 학습 태도나 영어 선생님이 학생들을 다루시는 방법까지 광범위하게 정보를 수집하던 중 놀라운 사실을 발견했다. 40년 전에 내가 배우던 문자 위주의 영어 학습과 대동소이한 수업 방식이라는 것. 아, 이건 아닌데….

● 우리가 영어를
● 알아듣지 못하는 두 가지 이유

　　　　　　　　한국의 영어 교육은 처음부터 문자 영어 위주였고 소리 영어는 관심 밖이었다. 시험으로 등수를 매기는 교육 현장에서 소리 영어는 존재 이유조차 찾기 어려웠다. 이는 누구의 잘못도 아닌 사회의 요구에 따른 결과다. 학교 시험에서 또 입학시험에서 그리고 취직 시험에서 영어가 차지하는 비중은 아주 컸지만 그것은 언제나 문자 영어의 몫이었다. 단어, 숙어 같은 어휘를 많이 암기하고 문법을 잘 알고 독해 능력이 뛰어나 영어 시험에서 좋은 점수를 받는 사람이 영어를 잘하는 사람이요 모의고사나 입학시험에서 만점에 가까운 점수를 받으면 영어 수재라고 했다. 여기에 듣기, 말하기 따위의 소리 영어는 발붙일 틈이 없었다. 아무도 소리 영어에 대한 관심이 없었으니

까. 영어를 가르치는 선생님들 역시 문법과 독해에 능한 사람이
인기가 있었다. 그러다보니 소리 영어에 관심을 두는 교사도 없
었고 구태여 소리 영어를 배우려는 학생들도 없었다. 해외로 유
학을 가는 학생들이나 직업적으로 영어를 꼭 써야 하는 일부 사
람들을 제외하고는 말이다.

한국외국어대학교의 저명한 원로 영어 교수인 이상준 박사의
자전 소설《영어 정복자》에는 이런 소제목들이 나온다. '꼴찌가
영어의 정복자가 되다', '여름방학 한 달 사이에 영어를 완전 무
장하여 학교에 나타나다.' 이 제목이 나온 배경은 이러하다.

일제 강점기 시절 광주서중학교라는 명문 학교에 아버지의 기
부금으로 입학한 학생 이상준은 꼴찌를 면하지 못한다. 기부금
입학생이라는 이유만으로 비웃음을 사고 동급생들에게 따돌림
과 집단구타를 당하며 천대받는 학교생활이 그에겐 지옥 같기만
하다. 그러던 가운데 영어 선생이 학우들 앞에서 그를 향해 온갖
욕설을 내뱉고 체벌을 가하는 일이 벌어진다. 그 일로 인해 치욕
감을 느낀 이상준 박사는 광주 중심가에 있는 한 영어 학원에서
훌륭한 스승을 만나 영문법을 파고든다. 그리고 마침내 여름방
학 한 달 사이에 영어를 정복하고 자신을 멸시한 영어 선생에게
통쾌한 복수를 했다는 이야기다.

여기서 한 달 새에 영어를 정복했다는 것은 문자 영어를 의미

한다. 당시에는 어휘를 많이 알고 문법 구조를 꿰면 영어에 대해 다 안다고 여겼다. 하지만 지금은 일제 강점기 때의 교육 상황과 현저히 다르다. 문자 영어만으로 영어를 정복했다고 결코 말할 수 없는 현실이다.

가끔 고등학교 시절이 회상될 때가 있다. 학생들에게 인기 있는 영어 선생님이 두 분 계셨다. 그중 한 분은 유머가 넘치기로 유명했던 이운배 선생님이셨는데 하루는 'wonderful'이라는 단어 하나로 한 시간 수업 내내 배꼽을 잡을 정도로 웃도록 해주신 분이다. 기억이 아물거릴 만큼 오래전 일이라 무슨 내용이었는지 자세히 기억나지는 않지만 우리나라 사람들이 '원더풀' 발음을 제대로 못해 미국인들이 'wonder fool(놀라운 바보)', 'wonder pool(기막힌 수영장)'로 알아들어 혼란을 겪었다는 얘기 등을 선생님 특유의 익살로 풀어내셨다.

입시 위주의 딱딱하고 획일적인 교육 환경에서 이운배 선생님은 오아시스 같은 분이셨다. 실제로 영어 회화에도 능통해 학교에 외국 손님이라도 오시면 안내와 모든 접대는 항상 선생님 몫이었다. 문법과 독해 위주로 된 교재를 어떤 때는 집어던지시기도 하고 표지를 찢어버리시기도 하며 듣지도 못하고 말하지도 못하는 영어가 무슨 소용이냐고 이건 죽은 영어라고 일갈하시던 모습이, '의학, 법률, 경제, 기술 따위는 삶을 유지하는 데 필요한

것들이지만 시와 미 그리고 사랑과 낭만은 진정한 삶의 목적'이
라고 강조하던 영화 〈죽은 시인의 사회〉 속 존 키팅 선생님과 오
버랩되어 기억 속에 남아 있다.

다른 한 분은 중공군이라는 별명의 영어 선생님이셨는데 동의
어를 한 번 쓰기 시작하면 동의어를 비롯하여 반의어 그리고 관
련어구로 칠판을 가득 채울 정도로 막강한 어휘력을 지닌 분이
었다. 게다가 빈틈없는 독해와 달변으로 수업 시간 내내 학생들
의 관심을 사로잡으셨다.

우리 학생들은 이운배 선생님을 좋아하면서도 막상 중공군 선
생님의 수업을 더 선호했다. 현실적으로 입시에 도움이 되는 수
업이 더 중요하다고 판단했기 때문일 것이다.

그렇다면 과연 듣고 말하는 영어와 읽고 쓰는 영어 중 무엇이
중요할까? 한마디로 정리하자면 소리는 소리고 글자는 글자다.
엄연히 다르다. 언어학에서도 소리는 입말(구어)이라고 하고 글자
는 글말(문어)이라고 한다. 그리고 입말과 글말을 합하여 언어라
고 한다.

한국에서 태어나고 자라고 있는 두 살짜리 아기에게 우리말로
"수적천석" 하고 말하면 똑같이 "수적천석" 하고 따라 한다. 그다
음에 "마부작침" 하고 말하면 역시 똑같이 "마부작침" 하고 따라
한다. 비록 무슨 뜻인지 이해하지는 못해도 모국어 소리를 정확

하게 듣고 있다는 이야기다.

이와 같이 언어를 익히려면 우선 소리를 정확하게 들을 수 있어야 한다. 영어 학습자의 경우에도 우선 영어 소리가 정확히 들려야 한다. 그러나 영어는 한국 학습자들의 모국어가 아니다. 따라서 영어를 모국어로 사용하는 사람들처럼 어릴 때부터 자연스럽게 영어 소리를 듣고 인지하게 되는 경험은 사실상 불가능하다.

세계 어느 나라에서나 아이들이 태어나면 학교에 입학하기까지 약 7년 동안 모국어 소리를 익히며 성장하게 된다. 듣기, 말하기가 자유자재로 가능하게 되면 비로소 초등학교에 입학하게 되고 학교에서는 글자를 배워서 읽기, 쓰기를 익힌다. 입말의 기능인 듣기, 말하기와 글말의 기능인 읽기, 쓰기의 순서대로 습득하게 되는 것이다. 우리 역시 그러한 과정을 거쳤고 한국어 환경에서 아무런 불편함 없이 한국어를 구사하며 살고 있다. 우리나라 사람 어느 누군들 그렇지 않으랴.

그러나 말을 잘 한다고 해도 글자는 따로 배워야 하는 것처럼, 글자를 잘 안다고 해도 소리가 저절로 들리지는 않는다. 말씀을 잘하셔도 글을 읽지 못하는 문맹자 할아버지 할머니들이 좋은 예가 될 것이다. 말씀은 청산유수라도 글을 읽지 못해 쩔쩔매신다. 버스 행선지를 읽지 못하시는 탓에 꼭 물어보고 차를 타셔야 한다.

반대 경우는 외국어로 된 책과 신문은 줄줄 꿰면서도 정작 외국인을 만나면 입 한 번 열기 어려워하는 외국어 학습자들이 될 것이다. 한국의 경우 영어를 학습한 많은 사람들이 이 범주에 해당된다. 나를 포함해서 말이다.

앞에서도 언급했지만 한국 대부분의 영어 학습자들이 영어 소리를 듣고 이해하지 못하는 이 문제점은 우리나라의 영어 교육 현실과 맞물려 있다. 결코 개인의 자질이나 노력 부족 탓으로 돌릴 문제가 아니라는 뜻이다. 영어 학습의 목적이 의사소통보다는 능력 평가 위주였기 때문에 문자 영어를 구사하는 수준은 어느 나라 학생들과 비교해도 손색이 없다고 생각한다. 문자 영어에 대한 인프라 역시 풍부하다. 연구 논문, 훌륭한 교사들, 학원, 어휘, 문법, 영작, 각종 영어 시험에 관한 책들 어느 것 하나 부족함이 없다.

반면에 소리 영어에 대한 인프라는 빈약하기 짝이 없는 실정이다. 교육 당국은 물론이고 교사, 학부모 그리고 학생들의 관심에서 소외되었던 탓이다. 해외에 나갈 기회가 늘어나고 영어가 단순히 미국어가 아닌 세계 공용어 역할을 하게 되면서 비로소 소리 영어가 빠진 영어 교육의 문제점이 수면 위로 떠오르게 되었다. 그러나 막상 그 문제를 해결할 수 있는 기반이 없었다. 원어민처럼 듣고 말할 수 있는 극소수의 영어 교사들만이 우리나라 영어 교육계가 가지고 있는 빈약한 인적 자원일 뿐이었다. 국

내에서 자체적으로 해결할 방법이 없었기에 학생들은 너도나도 영어권 나라로 어학연수를 떠났고 정부 당국은 원어민 교사를 급히 불러모았다.

어휘, 문법, 독해, 영작을 공부하는 문자 영어 학습처럼, 소리 영어에 대한 학습 방법도 필요하다는 것을 알지 못해 영어 소리를 제대로 알아듣기까지 오랜 시간을 낭비하고 많은 시행착오를 겪었다. 그 후에 뒤늦게야 깨달은 바는 우리는 소리 영어를 제대로 배운 적이 없었다는 사실과 소리 영어를 익히는 방법이 엄연히 따로 있다는 것이다. 그것은 영어와 한국어가 전혀 다른 종류의 언어라는 사실에서 출발한다.

언어학적으로 볼 때 영어는 형태상으로는 독일어와 같은 굴절어요, 언어 가족으로는 인도유럽어족이고 언어 종류로는 강세박자 언어다. 반면에 한국어는 형태상으로는 교착어이고 언어 가족은 알타이어족이고 언어 종류로는 음절박자 언어다. 그래서 영어와 한국어는 어순도 다르고 낱말의 형태도 다르고 소리 내는 법도 다르다.

특히 우리가 주목해야 할 사항은 강세박자 언어(영어)와 음절박자 언어(한국어)이다. 왜냐하면 이 두 종류의 언어는 소리 내는 법(발성법)이 현저하게 다르기 때문이다. 특이하게도 강세박자 언어는 악센트가 들어가는 의성어식 발성으로 소리를 낸다. 영어보다 독일어가 더 뚜렷하다. 반면에 한국어나 일본어는 악센트가 거의 없는 의태어식으로 소리를 낸다. 소리 내는 법이 서로 다르니 상호간에 알아듣기가 어렵다.

이렇게 영어와 한국어는 서로 다른 언어 가족이고 언어 형태도 다를 뿐 아니라 언어 종류도 달라 어순이 다르고 소리 내는 발성법이 다르다는 사실이 한국의 영어 학습자들이 영어를 잘 알아듣지 못하는 중요한 이유다. 따라서 영어를 잘 듣고 제대로 말하기 위해서는 의성어식 발성이 우선되어야 한다. 이것이 바로 우리가 3장에서 배울 내용이다. 또한 문자 영어는 고정된 어순을 활용해 학습하는 게 큰 도움이 된다. 이 역시 4장에서 자세히 살펴보도록 하자.

영어와 한국어, 이렇게 다르다

	영어	한국어
언어 형태	굴절어	교착어
언어 집안	인도유럽어족	알타이어족(가설)

언어 종류	강세박자 언어(악센트 언어)
	• 소리의 강약, 고저, 리듬이 뚜렷함
	• 형태로 본다면 산(山)
	  (강세가 발음보다 더 중요)
		음절박자 언어(음절 언어)
		• 소리의 강약, 고저, 리듬이 뚜렷하지 않음
		• 형태로 본다면 평지(平地)
		  (강세가 별로 중요하지 않음)

소리	의성어식 발성	의태어식 발성
문자	어순이 고정됨(위치 언어)	어순이 자유로움

이미 언급했듯이 영어는 강세와 리듬이 중요한 역할을 하는 언어다. 강세를 기준으로 하여 박자를 맞추기 때문에 음절의 수보다는 강세가 있는 음절의 수가 더 중요한 역할을 한다. 강세가 있는 음절과 그 다음 강세가 있는 음절까지의 시간 간격을 한 박자로 처리하고 그 중간에 있는 음절들은 약모음schwa이 되어 강세가 있는 음절에 흡수된다.

이것이 우리가 영어를 들을 때 한 문장 안에 있는 여러 단어 중에서 특정 몇 개만 귀에 들리는 이유다. 또한 영어가 우리말과 달리 다소 노래처럼 들리는 것은 강세 있는 음절들이 반복되면서 리듬감이 생기기 때문이다.

강세박자 언어인 영어는 소리의 고저, 강약, 리듬이 두드러진다.

강세가 있는 음절은 내용어content words라고 하는데 명사, 동사, 형용사, 부사, 의문사 등이 이에 속한다. 반면에 강세 없이 약하게 발음되는 음절은 기능어function words라고 하고 대명사, 조동사, 관사, 접속사, 전치사 등이 이에 속한다. 그래서 중요한 단어인 내용어는 크고 분명하게 소리 내고 상대적으로 덜 중요한 기능어는 작고 약하게 소리를 낸다.

반면에 우리말은 음절박자 언어다. 그래서 우리말은 모든 음절의 길이도 비슷, 강세도 비슷, 음의 높낮이도 비슷하게 소리를 낸다.

음절박자 언어인 한국어는 음의 높낮이가 거의 느껴지지 않는다.

챈트Chant를 통해 아이들에게 강세와 리듬감이 있는 영어와 우리말의 차이를 느끼게 해주는 것도 참으로 좋은 방법이다. 챈트는 강세박자 언어를 배우는 사람들에게 듣고 말하는 능력을 길러주기 위해 리듬적 표현을 가미한 교육 방법이다. 노래와 말하기의 중간 단계쯤 된다고 할 수 있겠다. 노래와 같은 멜로디는 없지만 말의 강세로 박자를 맞추고 리듬을 즐기게 함으로써 언어 능력의 발달에 도움을 주는 방법으로 알려져 있다.

유튜브를 통하여 챈트를 보여주면서 어휘와 문장을 익히다보면 누구나 쉽고 재미있게 영어와 우리말 소리의 차이를 구별할 수 있게 된다.

다음 표는 영어 발성의 특징과 그에 따른 학습법을 간략하게 정리한 것이다. 뒤에 자세히 설명하겠지만 의성어식 발성이 먼저 체화되지 않으면 섀도잉은 큰 효과를 보지 못한다. 따라서 의성어식 발성과 섀도잉의 비중은 90% 대 10 정도로 둔다.

영어 발성의 특징과 학습 방법

	① 악센트가 있는 발성	② 리드미컬한 발성
특징	한 단어가 한 박자에 소리 난다	내용어, 기능어 소리가 어우러져 리드미컬한 소리를 만든다
학습 방법	의성어식 발성(복식호흡 발성)을 몸에 밸 때까지 반복한다	섀도잉(원음 그대로 따라 하기)을 몸에 밸 때까지 반복한다

● 다름을
● 인정하자

　　　　　　　언어학적 분류를 살펴보더라도 인도유
럽어족인 영어는 굴절어고, 우랄알타이어족인 한국어는 교착어
다. 이 두 언어는 서로 어순이 다른 특징을 갖고 있다.
　우리말과 영어의 어순 차이를 간단하게 설명하자면, 우리말은
9품사라서 '조사'가 있다. 이 조사가 단어에 붙어 있어서 단어의
위치를 바꾸어도 뜻이 달라지지 않는다. 반면에 8품사인 영어는
'조사'가 없어 위치(어순)를 바꿀 수 없다. 주어 위치, 서술어 위
치, 목적어 위치가 고정되어 있다. 다시 말하면 위치가 주어인지
서술어인지 목적어인지를 결정한다고 해도 틀린 말이 아니다.
그래서 영어를 '위치 언어'라고도 부른다.
　위치 언어의 특성은 앞 단어를 뒤 단어가 설명하고 뒤 단어는

그 다음 단어가 설명해주는 모양새라는 것이다. 주어를 서술어가 서술어를 목적어가 보충하는 식이다. 그래서 어순대로 들으면서 이해(직청)하고 어순대로 읽으면서 이해(직독)해야 한다.

태어나서부터 우리말을 사용하며 조사를 활용하는 데 익숙해진 한국의 영어 학습자들이 조사가 없는 위치 언어인 영어를 사용하는 것이 낯설고 자꾸 틀리는 것은 당연하다. 재미있는 사실은, 이 어순의 차이는 문화의 차이 그리고 사고 방식의 차이에서 비롯되었다는 것이다. 간단하게 두 가지만 예를 들어보겠다.

서구 사회에서 정해진 주소 쓰는 방식은 이러하다. 이름 → 번지수 → 거리(마을) → 도시 → 주 → 나라. 나로부터 출발해 점점 멀어지는 순서다.

Sam Kim. 1126 North Brookhurst Street, Anaheim, CA 92801, USA

샘 킴. 1126번지 북 브룩허스트 거리, 애너하임, 캘리포니아, 미국

마치 주어 → 서술어 → 보어(목적어) 어순과 일맥상통하지 않은가? 반면에 우리는 그 반대다.

대한민국 경상남도 의령군 부림면 신반리 1번지 홍길동

이러한 사고 방식은 음식 문화에서도 엿볼 수 있다. 어순이 일정한 서양에서는 음식도 차례대로 나온다. 전채 요리 → 수프 → 메인 요리 → 후식의 순서다. 이 또한 주어 → 서술어 → 보어(목적어)의 영어 어순과 무관하지 않다.

우리는 어떤가? 상에 한꺼번에 다 올려놓고 순서와 무관하게 먹는다. 전혀 불편하지 않고 자연스럽다. 마치 어순이 뒤죽박죽해도 말이 통하는 우리말과 같다. '우리 내일 영화 보러 가자'나 '영화 보러 가자 우리 내일'이나 '내일 영화 보러 가자 우리'나 아무리 섞어놓아도 뜻이 통하지 않는가.

● 환경이
❅ 차이를 만든다

　　　　　　　　캐나다에서 생활할 때 부모를 따라 이
민 온 그들의 어린 자녀들이 1~2년 이내에 캐나다에서 태어나
고 자란 아이들과 별 무리 없이 어울려 지내는 것을 보면서 언어
환경의 중요성을 느낀 적이 있다.

　먼저 한국에 있는 영어 학습자의 언어 환경을 살펴보자.

　언어 환경은 모국어 환경, ESL^{English as a Second Language} 환경(제2외국
어), EFL^{English as a Foreign Language}(외국어) 환경으로 나누어볼 수 있는데
모국어 환경은 자기 나라에서 태어나고 자라면서 그 나라 말을
자연스럽게 모국어로 사용하게 되는 상황을 말한다. 한국 사람
이 한국에서 한국말을 하면서 살면 모국어 환경이 되는 것이다.

　ESL 환경은 한국에서 태어나 한국어를 모국어로 사용하는 사

람이 외국으로 이민이나 유학을 가서 한국어가 아닌 그 나라 언어를 배우고 사용하게 되는 환경을 말한다. 내가 캐나다로 이민을 가 그곳에서 영어를 사용하면서 지낸 것이 ESL 환경이다.

EFL 환경은 자기 나라에서 태어나고 자라서 자기 나라 말로 생활하면서 가끔 필요에 따라 외국어를 사용하는 경우인데, 우리나라 대부분의 영어 학습자들이 이 경우에 속한다. 외국어를 익히기가 가장 힘든 경우라고 할 수 있다.

예를 들어 한 가족이 한국에 살다가 캐나다로 이민을 갔다고 하자. 그때부터 이 집 식구들은 온통 영어 환경 속에 둘러싸여 살게 된다. 부모들은 직장에 가도, 관공서에 가도, 슈퍼마켓을 가도, 레스토랑에 가도 모두 영어를 사용해야 한다. 자녀들도 마찬가지다. 학교에 가면 수학 시간도 영어, 과학 시간도 영어, 체육 시간도 영어, 음악 시간도 영어고, 친구들과 놀 때도 영어로 말해야 한다. 이 가족의 식구들은 영어 시험을 위해서 영어를 사용하는 것이 아니라, 영어로 듣고 말하지 않으면 그곳에서 살 수 없기 때문에 영어를 사용해야 한다. 이런 환경에서 배우는 영어를 ESL이라고 한다.

영어를 학습하는 시간도 차이가 현저하다. ESL 환경에서는 아침 일곱 시에 기상해 아홉 시에 취침한다고 할 때 일주일에 최소 98시간 이상 영어에 노출되어 있다. 반면에 EFL 환경에서 매일 두 시간씩 영어를 공부한다면 한 주에 열네 시간이다. 일주일에 84시간 차이가 난다. 한 달이면 250시간 이상, 일 년이면 3,000시간 이상이다. 수치상으로만 본다면 EFL 환경에서 하루 한 시간씩 1년간 영어를 공부하는 경우 영어에 노출되는 시간은 365시간, ESL 환경이나 모국어 환경에서 1년간 영어에 노출되는 시간은 잠자는 시간을 빼더라도 5,000시간이 넘는다. 이 차이는 결코 무시할 수 없는 수치다.

● 오뚝이 공부방의
❜ 시작

　　　　　　　　　　영어라면 우이독경 수준이던 홍식이
가 언제부터인가 선생님의 질문에 혼자 대답을 하게 되었다. 소
가 뒷걸음치다 쥐를 잡듯 어쩌다 생긴 일이라 속단하던 친구들
은 점점 당황하고 있었다. 게다가 그즈음 치른 중간고사에서 월
등한 성적 향상을 보인 홍식이는 교장 선생님으로부터 표창장까
지 받게 되었다.

　홍식이의 변화를 그 누구보다 자세히, 그리고 정확하게 자신
의 눈으로 확인해온 홍식이의 단짝 홍모가 나의 두 번째 학생이
되었다. 약국 앞까지 함께 와서 내 눈앞에서 손을 흔들며 헤어지
던 녀석이 드디어 함께 공부방에 입성한 것이다.

　홍모는 기억력이 아주 좋은 녀석이었다. 특히 어휘 암기에는

금방 존재감을 드러냈다. 얼마 지나지 않아 홍식이와 홍모는 학습 진도를 함께 맞출 수 있었고, 홍모도 홍식이와 함께 두각을 나타내게 되었다. 지난 학기만 해도 입 밖에 내기가 민망하던 영어 성적에서, 친구들이 인정할 만큼 영어 도사로 인정받게 된 홍식, 홍모의 변화는 조그만 시골 중학교의 화젯거리로 떠올랐다.

그리고 그때부터 홍식이와 홍모의 막역한 사이인 쌍둥이 친구 선민, 선우도 나와 함께 공부하게 되었고, 그 아이들의 영어 성적 역시 모두 고공행진을 하게 되자 일부 녀석들은 부모님들을 통해 자신도 영어를 배우고 싶다는 청탁을 넣었다. 부모님을 돕느라 농사철에는 논밭에 나가서 일하는 아이들을 어떻게 거절할 수 있으랴. 점점 더 많은 아이들이 나를 찾아오기 시작했다. 공부할 공간이 필요해진 나는 약국에 딸린 서재를 책걸상, 칠판이 갖추어진 공부방으로 꾸미고 정식으로 오뚝이 공부방을 출범하게 되었다.

내게 영어를 배우면서 오뚝이 공부방 대부분 아이들의 성적이 가파르게 올라가기 시작했다. 그러나 마음 한구석이 늘 편치 않았다. 이렇게 문자 영어 중심으로만 가르친다면 영어 시험에는 강한 아이들이 될 수 있을지 몰라도, 나중에는 내가 걸었던 전철을 밟게 될 것이 뻔했기 때문이다.

아무래도 좀 더 바람직한 방향으로 그리고 전문성을 띤 학습 방법으로 아이들에게 말(소리 영어)과 글(문자 영어)을 함께 제대로 가르쳐보고 싶다는 바람이 조금씩 싹트기 시작했다. 거기에 고생하며 갈고닦았지만 끝내 빛을 보지 못한 나의 영어를 농촌 아이들을 위해서나마 꽃피우고 싶다는 갈망까지 가세했다. 그 열망은 나를 경남대학교 교육대학원 영어과로 입학하게 했다. 전체 교육대학원 학생 중 최고령자였다.

대학원 동기들은 거의 대부분 영어 선생님들이었다. 그들로부터 학생들을 가르치는 테크닉을 비롯해서 다양한 노하우를 배울 수 있었다. 한국 영어의 현 주소와 우리나라 영어 교육이 가야 할 방향과 해결해야 할 문제점들에 대해서도 자주 토론하는 그들 옆에서 견문도 넓힐 수 있었다.

대학원 5학기 내내 내가 배우기를 원했던 소리 영어에 대한 과목은 커리큘럼에서 찾기 어려웠지만 셰익스피어를 비롯한 영미문학을 접하면서 영어의 맛을 느끼게 되었다. 한 차원 깊은 영어를 공부할 수 있어 행복했다.

약국을 운영하고 여덟 명으로 늘어난 공부방 아이들 돌보면서 대학원을 다닌 2년 반의 세월이 결코 쉽지는 않았지만, 내친김에 실력 있는 교수님들 밑에서 영어 교육을 더 집중적으로 배워야겠다는 생각에 박사 과정까지 마쳤다.

● 오뚝이들,
❾ 영어의 창공을 날다

       우리 마을에는 인문계 고등학교가 없다. 대신 인문계 고등학교에 진학할 여건이 안 되는 학생들이 주로 다니는 실업계 정보 고등학교가 있다. 우리 오뚝이 공부방 아이들 대부분이 이 학교로 진학하게 되었는데 3년 내내 전교 1등에서 5등까지는 항상 우리 오뚝이들 차지였다. 홍식, 홍모, 선우, 선민, 재민, 희진. 성품과 태도가 참으로 좋았던 이 아이들을 만난 것이 내 인생의 소중한 복이라 여겨지는 것은 그때나 지금이나 다름이 없다.

  학교의 명예를 자신들이 책임진 것처럼 각종 경진대회에서 상을 휩쓸어 모교와 마을의 자랑거리가 되어주는 아이들이 참으로 대견하고 고마웠다.

그중에서도 전국 상업실무경진대회 무역영어 동상, 기업세무회계 고등부 특별상 등을 수상하며 학교와 마을에서 사랑받던 홍식이가 드디어 일을 냈다. 실업계 고등학생들이 경합을 벌여 기업 입사의 기회를 얻는 TV 프로그램 〈스카우트〉에서 최종 우승을 한 것이다. 조그만 농촌 마을의 경사였다. 학교에서는 관광버스를 동원해 방송국까지 응원단을 보냈다. 홍식이의 선전을 기원한 마을 사람들은 저마다 TV 앞에 앉아 간절한 마음으로 녀석을 응원했다. 그 마음들이 모여 그렇게 가슴 벅찬 일이 일어난 것이다.

전교회장이란 중책을 맡아 졸업하기까지 학교와 재학생들을 위해 애쓰기도 했던 홍식이를 비롯해 홍모, 선우, 선민, 재민, 희진의 뒤를 이어 은희, 채영 그리고 그 뒤를 이어 준걸, 민아, 영란, 수혜까지 오뚝이 공부방을 가득 채웠던 소중한 나의 1기생들이다. 그리고 이 아이들은 고등학교를 졸업하면서 하나둘씩 내 곁을 떠나갔다.

홍식이와 홍모가 처음 공부를 시작했을 때처럼 지금 내 곁에는 초등학교 4학년부터 중학교 2학년까지 어린 친구들이 모여 공부를 하고 있다. 사실 초등학교 4학년생인 예영이와 지민이가 합류하게 된 데는 재미있는 사연이 있다. 2기생 아이들이 중학교를 졸업할 때까지는 오뚝이 영어 공부방에 새로운 학생을 받지 않으려고 했다. 지금 있는 아이들에게 집중하기 위해서였다. 그런데 지난겨울 캐나다에서 잠시 다니러 온 큰아들이 한 달 넘게 애니메이션 영화로 아이들에게 영어를 가르치는 프로그램을 진행하게 되었다. 마침 방학 기간이라 그때만 초등학교 4학년인 예영이와 지민이가 공부방에서 형, 언니들이랑 함께 공부할 수 있도록 배려했다. 조건은 이번 방학 기간 동안만이었다. 어, 그런데 이게 웬일인가. 이 녀석들이 1단계, 2단계 형들보다 더 열심히, 더 진지한 자세로 임하는 게 아닌가. 방학이 끝나도 제일 먼저 와서 공부하는 이 녀석들에게 도무지 그만 오라는 말을 할 수가 없었다. 형들이랑 똑같이 숙제도 해오고 수업 진도도 꾸역꾸역 잘 따라온다. 아뿔싸. 축출 불가능이다. 오뚝이 공부방 늦둥이가 태어난 사연이다.

의성어식 발성을 연습할 때는 개구쟁이로 변하고 어휘와 문법을 공부할 때는 눈망울이 초롱초롱한 게 의젓하기 짝이 없는 귀한 내 자식들. 마치 새끼 독수리들이 날갯짓을 연습하면서 창공을 나는 그날을 기다리는 형상이다. 이 아이들도 몇 년 후면 내 곁을 떠날 것이다. 하지만 대신 영어의 창공을 마음껏 날게 되겠지.

오뚝이 영어 공부방의 몇 가지 풍속도

1. 아이들에게 영어를 배우는 것보다 오뚝이처럼 다시 일어나는 의지를 배우는 것이 더 중요하다고 강조한다. 숙제를 안 해오거나 시험 성적이 형편없어도 야단치는 일은 거의 없다. 대신 이런 대화가 오간다. "우리는 뭐지?" "오뚝입니다." "그럼 오뚝이처럼 다시 하는 거야, 맞지?" "예!" "유명한 사람보다는 유익한 사람이 되자." "예!"

2. 비록 작은 시골 마을에서 자라지만 지금부터 세계를 품자고 격려한다. 공부방에 비치해둔 축구공보다 큰 지구본을 안아보게 하면서 "세계를 품는 거야, 알았지?" 하면 아이들은 씩씩하게 대답한다. "예!"

3. 3단계 아이들은 조교 노릇을 톡톡히 한다. 바쁜 사부를 위해 2단계, 1단계 아이들 숙제 검사를 하고, 이해를 못하는 동생들의 가정교사 역할까지 도맡는다. 3단계 아이들이라고 해봐야 중학교 1, 2학년이지만, 듣기, 말하기, 읽기, 쓰기 모두 웬만한 고등학교 3학년 형님들과 어깨를 나란히 할 수 있지요.

4. 시험을 보기 전에 반드시 묻는다. "왜 우리가 시험을 보는 거지?" 이구동성으로 답한다. "모르는 것이 뭔지 알기 위해서요." 그래서 시험 결과가 어떠하든 100% 야단치는 법이 없다. 그래서 아이들은 커닝을 하지 않는다. 대신 틀린 것은 반드시 다시 외워 완벽하게 이해하도록 한다.

3장

쿵쿵쿵쿵! 영어가 들려요

● 사하이
● 선생님처럼

　　　　　　　　　세상이 온통 어둠뿐이었던 보지도 잘
듣지도 못하는 8살 소녀 '미셸'. 마냥 짐승처럼 행동하는 그녀에
게 부모님이 마지막으로 선택한 사람은 '사하이' 선생님. 미셸이
마음의 빛을 찾을 수 있도록 최선을 다하는 사하이 선생님과 걷
잡을 수 없는 미셸의 분투가 이어지고, 결국 사하이 선생님이 미
셸을 포기하려는 찰나, 분수대에 팽개쳐진 미셸에게 극적인 순
간이 온다. 그녀가 물을 만지며 "워…터"라고 어눌하게 말하는
장면. 관객들의 눈가를 촉촉이 적시던, 감동 그 자체인 영화 〈블
랙Black〉의 명장면이다. 그 후 미셸은 낱말이란 개념에 눈을 뜨고
지식의 샘물을 마음껏 마시게 된다.

　　힘들고 어려워 쩔쩔매던 일들도 해결 방법을 알고 난 후에는

이렇게 쉬운 걸 가지고 고생했네라며 어처구니없을 때가 종종 있다. 무슨 일이든 알고 나면 쉬운 법이다. 그리고 혼자 힘으로는 해결하기 어려워 끙끙대는 일도 경험자의 도움을 받으면 거짓말같이 쉽게 해결되는 경험도 하게 된다.

영어를 제대로 알아듣는 것도 같은 맥락일 때가 많다. 오랜 세월 영어 소리를 제대로 알아들을 수 없어 고생했지만 의성어식 발성법을 터득하고 보니 그동안의 고생과 노력이 터무니없이 여겨지기도 했다. 이렇게 간단하고 쉬운 방법이 있었는데….

영화 〈블랙〉의 미셸처럼, 귀가 열리기 시작하는 것을 경험한 후에는 어떤 종류의 영어 소리에도 귀가 자연스럽게 끌리는 것을 경험했다. 그리고 오뚝이 공부방의 아이들이 의성어식 발성법을 통해 차츰 영어 소리를 잘 알아듣게 되는 과정을 지켜보면서 내 역할의 중요성도 새삼 실감하게 된다. 사하이 선생님 같은 존재가 되고 싶다는 바람과 함께.

● 머리 대신
❯ 몸을 써라

　　　　　　　　영어를 오랜 세월 공부했는데도 영어
에 대한 자신감이 없다고 느껴진 적은 없는가. 영어가 한없이 어
렵고 힘이 든다고 생각한 적은 없는가. 영어를 사용하는 외국인
앞에만 서면 초라하게 작아지는 자신을 경험한 적은 없는가. 왜
일까? 나의 경우 원인은 소리였다. 무슨 소리인지 제대로 알아들
을 수 없었던 것이다.

　원인은 알았지만 내게는 CNN 뉴스 받아쓰기를 1년 이상 꾸준
히 했더니 귀가 뚫렸다는 영어 도사처럼 받아쓰기를 할 끈기도
시간적 여유도 없었다. 휴대용 녹음기를 두세 개 고장 내고 난
후에 귀가 뚫리더라는 영어 고수들처럼 녹음기를 듣고 듣고 또
들어 고장 내고 싶은 생각도 집념도 없었다. 영화 한 편을 50번,

100번 연속적으로 반복해서 보았더니 귀가 뚫리는 것 같다고 하는 영어 내공파들처럼 같은 영화를 지루하게 열 번 이상 보고 또 보고 할 만큼의 인내심도 열정도 없었다. 그렇다면 영어 듣기를 포기할 것인가? 그럴 순 없었다. 절대 이대로 포기할 수는 없다는 오기 같은 것도 있었지만 무엇보다 영어 듣기를 포기할 수 없는 현실이 계속 등을 떠밀었기 때문이다.

궁하면 통한다는 속담처럼 이민 생활 가운데 벼랑 끝에 선 심정이었을 무렵 의성어식 발성을 통하여 영어라는 언어의 소리를 새롭게 인식하게 되고 무수한 연습을 통하여 차츰 내가 잘 알고 있는 어휘부터 간단한 문장부터 또 느린 속도의 영어 소리부터 우리말처럼 인지되는 과정을 겪으면서 '아! 내가 영어권에서 태어나서 성장하며 언어를 익혀가는 아기들과 같은 과정을 겪고 있구나!' 하는 생각이 들었다.

잘 안 들리던 굴레에서 벗어나 알아듣는 즐거움을 조금씩 알아갈수록 더 잘 들을 수 있는 다른 방법은 없는지 동영상과 영어 관련 서적 그리고 학술 연구 정보 서비스RISS의 논문들을 섭렵하며 다녔다. 그리고 나와 같은 발성을 통하여 영어에 귀가 열린 이들을 발견할 수 있었다. 한편으론 놀랐고 한편으론 기뻤다. 동지를 만난 느낌이었다.

그중 송희만 선생은 《역방향 발성법(골반 발성법)》이라는 책을 통하여 만나게 되었다. 특이한 제목에 이끌려 읽기 시작했는데 재미있는 사실을 알게 되었다. 골반 발성법의 원리와 방법은 의성어식 발성법과 다를 바 없는데 발성법을 터득하게 된 과정과 나타내는 방법이 달랐던 것이다. 자신이 느낀 영어식 발성을 골반 발성법이라고 부른 것은 영어식 발성을 할 때 골반 쪽 근육이 조이는 느낌을 갖게 되기 때문이라고 저자는 설명하고 있는데 의성어식 발성을 하기 위해 숨을 들이쉬는 과정에서 실제로 그런 느낌을 받게 된다.

이 주장을 객관적으로 증명해주는 오뚝이 공부방의 우리 아이들이 있다. 아이들은 의성어식 발성법을 통해 소리 영어가 체화되어가는 과정을 겪으며 소리 영어를 완성해가고 있다. 그러나 정작 우리 공부방 개구쟁이들은 본인들이 익히고 있는 발성법이 얼마나 중요한지 전혀 알지 못한다. 처음 얼마간의 기간 동안에는 의성어식 발성법을 훈련할 때마다 웃음을 참지 못해 키득대고 틈만 나면 상대방의 모습을 흉내 내며 장난을 쳤다. 특히 2기생들 중 단짝 호영이와 상혁이는 증상이 심각해 포기라는 단어를 떠올리게 할 정도였다.

그럼에도 불구하고 2, 3개월만 지나도 아이들이 달라진다. 본인들도 신기해할 만큼 발성법에 익숙해질 뿐더러 간단한 영어 소리를 알아듣기 시작한다. 아기들이 우리말을 배우듯 차츰차츰 조금씩 귀가 열린다. 그러는 가운데 듣기뿐 아니라 말하기까지 진전을 보이기 시작한다. 소리 영어에 조금씩 더 익숙해지기 시작했다는 징후일 것이다.

원어민 교사가 넘쳐나는 서울 한복판도 아니고 마땅한 영어 학원 하나 없는 면단위 시골에서 천방지축 우리 오뚝이들이 의성어식 발성법을 통하여 우리말 배우는 아기들처럼 점점 더 영어 소리를 잘 소화해내고 있다는 사실은 영어 학습자들 어느 누구도 같은 훈련을 통하여 같은 결과를 얻을 수 있다는 사실을 의미한다고 생각한다.

영어 소리를 제대로 알아듣고 싶어 하는 간절한 열정과 포기하지 않겠다는 마음이 있으면 족하다. 의성어식 발성법을 반복하는 횟수가 많을수록, 알고 있는 어휘 수가 많을수록, 매일 꾸준히 할수록 영어 소리를 제대로 알아듣게 되는 흔히 말하는 귀가 열리는 시간이 단축된다.

세포 기억설Cellular Memory이란 용어가 있다. 애리조나 주립 대학교의 게리 슈왈츠Gery Schwartz 교수가 처음 주장한 가설이다. 사람들의 생활 습관을 비롯하여 관심 분야나 단편 기억들이 뇌뿐만 아니라 인체의 세포 속에도 저장된다는 이론이다. 아직 학술적으로 정설이 되지 못하였지만 개인적으로는 일리가 있는 주장이라 생각하고 있다. 언어학적 측면에서 볼 때도 아기가 두뇌를 이용해 공부를 하지 않더라도 저절로 모국어가 익혀지는 원인이나 무수한 반복 훈련을 통하여 외국어도 모국어처럼 익혀지는 메커니즘을 규명할 수 있는 근거가 된다고 여겨지기 때문이다.

의성어식 발성법도 듣기와 말하기를 위해 머리를 쓰는 학습 방법이라 생각하기 쉽지만 실제로는 몸을 반복적으로 움직여서 동작을 몸에 익히는 자전거 타기나 테니스 배우기와 더 흡사하다. 꾸준하게 반복해서 연습하다보면 자전거 타기나 테니스 치기처럼 자기도 모르게 영어 소리가 몸에 배어 익숙하게 들리는 상태 즉, 귀가 뚫린 상태가 되어 있다는 사실을 깨닫게 된다.

● 입 소리 한국말,
᛫ 배 소리 영어말

한국 사람들은 일본어를 쉽게 배운다. 무슨 뜻인지 몰라도 일본어는 들으면 바로 따라 할 수 있다. 반면에 영어는 어떤가? 일본어와는 달리 영어는 쉽게 알아듣지도 못하고 바로 따라 할 수도 없다.

왜일까? 정답은 간단하다. 한국어와 일본어는 같은 언어 가족(교착어 어족)이다. 소리 내는 법이 비슷하니 쉽게 알아듣는 것이다.

같은 맥락으로 영어를 모국어로 쓰는 미국과 영국 사람들은 스페인어를 학습할 때 한국 사람이나 일본 사람들보다 쉽게 배운다. 같은 언어 가족(굴절어 어족)이기 때문이다.

그렇다면 우리말과 영어의 소리 내는 법이 어떻게 다를까?

결론부터 말하자면 우리말은 입으로 나는 소리고 영어는

배까지 움직이는 복식호흡으로 나는 소리다.

영어 소리를 알아듣는 데 가장 중요한 이 원리를 간단한 예문을 통해 알아보자.

'포탄이 쾅 터졌다'고 말할 때 '포탄이 터졌다'고 말하는 소리와 '쾅' 하는 소리가 다르게 느껴지는가? 자, 그렇다면 실제로 포탄이 터지는 광경을 직접 보고 난 후 그 흥분된 감정을 주체하지 못한 채 친구들에게 실제 상황을 그대로 전한다고 가정하고 '오늘 학교 마당에 포탄이 쾅 터졌다'고 한번 말해보자. 어떤가? '오늘 학교 마당에 포탄이 터지는 걸 봤다'고 말하는 것과 실감나게 흥분된 감정을 넣어 쾅 소리를 내는 것이 어떻게 다른지 감이 오는가?

바로 그것이다. 의성어식 발성은 이렇게 쾅 소리처럼 복식호흡으로 소리를 내는 것이다. 우리말을 할 땐 입으로만 말하면 되지만, 영어를 말할 때는 배까지 움직이는 복식호흡으로 말하게 된다. 아이들이 쉽게 이해하도록 우리말은 '입 소리', 영어는 '배 소리' 같은 우리 공부방에서만 통하는 신조어를 만들어가면서 복식호흡으로 소리를 낼 수 있도록 도와준다.

복식호흡이 뭐가 그리 대단하냐고 물을지도 모른다. 하지만 내 경우 복식호흡을 통해 영어 소리를 분명히 알아들을 수 있었기 때문에 우리 아이들에게도 이 점을 강조한다. 한 명 한 명의 아이들이 모두 제대로 된 배 소리를 낼 수 있을 때까지 내가 연습했던 방법들을 총동원하여 훈련을 시킨다.

이를테면, 자리에 앉아서 하나, 둘, 셋, 넷, 물건을 세는 소리(입소리)와, 일어나서 군가를 부르듯 구령을 붙여가며 하나, 둘, 셋, 넷 하는 소리(배 소리)를 구분하고 본인들이 스스로 낼 수 있도록 아이들이 직접 앉아서 물건을 세고 또 직접 일어나 뛰면서 소리를 낸다. 이렇게 반복적으로 일상에서 훈련을 하다 보면 아이들은 쉽게 입으로 내는 우리 소리와 배까지 움직이는 복식호흡의 차이를 쉽게 구별하고 소리도 잘 내게 된다.

그래도 이해가 잘 안 된다는 아이들에게는 케이크의 촛불을 불 때처럼 훅, 훅 소리 내기, 100미터를 전력질주한 뒤 숨을 몰아쉬는 것처럼 헉, 헉, 소리 내기 등을 통해 확실한 복식호흡이 어떤 것인지를 느끼게 하는 훈련을 시킨다.

'영어 공부하러 왔는데 별스럽게 이런 걸 다 왜 하지?' 하는 태도로 처음에는 장난처럼 대하던 아이들도 워낙 철저히 엄격하게 훈련시키는 사부의 표정과 행동에서 심상치 않은 기운을 느끼고 마지못해 따라오게 되는데, 얼마 되지 않아 영어 소리를 알아듣게 되면 그런 훈련을 왜 했는지 깨닫고 환한 웃음을 짓는다.

이렇게 배가 움직이는 복식호흡을 통한 의성어식 발성을 깨우치지 않는 아이들은 더 이상 가르치지 않는다. 왜냐하면, 이 기초가 안 된다면 복식호흡으로 나는 영어 소리를 알아들을 수 없고 단어마다 악센트가 들어가는 다음 단계의 훈련을 할 수 없기 때문이다.

입으로 소리를 내는 우리말의 발성과 배까지 움직이는 복식호흡으로 내는 영어의 소리를 구분할 뿐 아니라, 본인들이 낼 수 있게 되면 이렇게 복식호흡으로 내는 소리를 의성어식 발성이라고 한다는 것과 의성어식 발성의 특징은 복식호흡으로 나는 소리이기 때문에 한 단어 한 단어 악센트가 들어간다는 것, 그리고 이 점 때문에 영어에는 강세와 리듬이 생긴다는 것을 설명한다.

아이들이 스스로 복식호흡을 통하여 의성어식 발성을 알게 되면, 우리말과 영어의 차이를 확실하게 이해할 뿐 아니라 긍정을 하게 된다. 이렇게 되면 다음 단계 훈련으로 갈 준비 끝.

● 부림약국에서는
❜ 밤마다 이상한 소리가 난다

영어식 발성법의 특징을 한 단어로 말
한다면 의성어 소리라는 점이다. 그리고 의성어식 발성법의 가
장 큰 특징은 복식호흡으로 소리를 내는 것과 단어마다 악센트
를 넣어서 소리 내는 것이다.

복식호흡을 통해 의성어 소리 내는 훈련을 끝내고 나면, 이제
는 본격적으로 영어 문장을 보면서 한 단어 한 단어 복식호흡으
로 소리를 내는 훈련을 하게 된다. 이제부터는 한 단어마다 복
식호흡으로 소리를 내는 것과 한 단어마다 악센트를 넣는다는
것이 표현은 다르지만 결국 같은 의미라는 것을 일깨울 수 있도
록 도와준다. 다음 문장을 의성어식 발성으로 읽어보자.

▼	▼	▼	▼	▼	▼
The	early	bird	catches	the	worm.
얍!	얍!	얍!	얍!	얍!	얍!
디	얼리	버드	캣취즈	더	웜

이때 가장 중요한 포인트는 의성어 소리 하나에 한 단어를 한 번에 소리 내야 한다는 것이다. 'the'같이 짧은 단어도 'catches'같이 긴 단어도 무조건 기합 소리처럼 단번에 소리를 내야 한다. 달리 표현하자면 짧은 단어나 긴 단어나 모두 한 박자 안에 소리를 내야 한다는 뜻이다. 그렇게 하기 위해서는 아주 천천히 느린 템포로 정확하게 발성하는 것이 중요하다. 자연스럽게 빨라지기까지 끊임없이 반복해야만 한다. 한 박자에 한 단어를 발성한다는 것이 'the', 'bird', 'worm' 같은 이른바 1음절, 혹은 2음절인 경우에는 수월하다. 하지만 4음절, 5음절같이 긴 단어는 훈련 없이 처음부터 빠르게 하기가 어렵다. 예를 들어, '메리 크리스마스' 같은 표현도 메리도 한 박자, 크리스마스도 한 박자에 소리를 내야 한다.

재미있는 사실은 그냥 한국식 발성으로 소리를 낼 때는 '크, 리, 스, 마, 스'처럼 다섯 박자로 나는 소리가 복식호흡을 수반한 의성어식 발성을 하면 마치 한 글자인 것처럼 한 박자로 소리를 낼 수 있다는 점이다. 물론 이것은 악센트가 들어가기 때문에 가능해진다. '크'에 강세가 들어가고 '리스마스'는 물 흐르듯 자연스럽게 따라 붙게 된다.

　재차 설명하겠지만 계속해서 의성어 소리(얍!)를 강조하는 이유는 복식호흡이 수반되지 않으면 복잡한 문장의 경우 알아들을 수 없기 때문이다. 다른 의성어를 통해 다시 연습해보자.

▼	▼	▼	▼	▼	▼	▼	▼
I	found	her	watching	television	in	her	room.
쿵!	쿵!	쿵!	쿵!	쿵!	쿵!	쿵!	쿵!
아이	파운드	허	와칭	텔레비전	인	허	룸

　원리는 똑같다.

　의성어 소리(쿵!) 하나에 한 단어씩 한 번에 소리 내야 한다. 이 역시 짧은 단어도 긴 단어도 마찬가지다. 앞에서도 얘기했듯이 공부방 아이들은 의성어식 발성을 하고 난 뒤 그 발성 위에 단어를 입히듯 훈련한다.

　먼저 단어 수대로 쿵이나 킥 같은 의성어를 가지고 복식호흡으로 악센트를 담아 소리를 낸다. 그 발성이 완벽하게 몸에 배면 그 다음에 문장을 통해 영어의 악센트를 표현하는 훈련을 한다. 다시 한 번 앞의 예문을 따라 읽으면서 의성어식 발성을 연습해보자.

얍! 얍! 얍! 얍! 얍! 얍!

The early bird catches the worm.

디 얼리 버드 캣취즈 더 웜

쿵! 쿵! 쿵! 쿵! 쿵! 쿵! 쿵! 쿵!

I found her watching television in her room.

아이 파운드 허 와칭 텔레비전 인 허 룸

영어 글자를 배우는 것이 아니다. 영어 소리를 듣기 위한 훈련임을 잊지 말아야 한다. 소리가 들리면 아는 단어, 아는 표현은 저절로 인지되기 때문이다. 예를 들어 'Go straight'라는 소리만 분명히 들리면 똑바로 가라는 뜻인지 알아들을 수 있다. 소리를 제대로 들었다고 해서 모든 의미를 이해할 수는 없다. 우리말도 '당랑거철', '견토지쟁'이란 소리는 정확히 들려도 배우지 않으면 그 뜻을 모르는 것처럼 말이다. 꼭 기억하자. 소리만 정확히 들리면 아는 단어는 모두 들리게 된다. 따라서 의성어식 발성을 연습할 때 소리에 집중해야지 뜻에 집중하면 소리를 듣지 못하는 헛고생을 하게 된다.

오뚝이 공부방의 우리 아이들에게는 한 문장을 최소한 100번 이상 반복해서 연습하도록 한다. 의성어식 발성법이 몸에 배는 것이 목표이기 때문에 각기 다른 1,000문장을 한 번씩 발성하기보다 한 문장을 1,000번씩 반복하는 것이 더 효과적이라고 강조하고 있다. 공부방에서는 아이들에게 기록표를 만들어주면서 한 번 할 때마다 스스로 체크를 하도록 한다. 아이들이 발성 훈련을 할 때 나는 교실을 돌아다니며 아이들 한 명 한 명이 의성어 소리를 배까지 움직이며 제대로 내는지 입으로만 소리를 내는지 확인하며 잘못된 곳을 바로잡아준다. 단어 하나하나를 기합 소리 내듯이 복부뿐만 아니라 어깨까지도 들썩들썩이며 온몸으로 소리를 내야 된다고 내 입에는 침이 마르도록 아이들 귀에는 딱지가 앉도록 매일 매시간 반복해서 강조한다.

지루하고 재미없는 훈련이지만 함께 모여 떠들고 웃으면서 한 단어 한 단어 끊어서, 한 단어 한 단어 악센트를 넣어서, 복식호흡으로 발성하는 날이 쌓일수록 오뚜이 공부방의 아이들은 영어식 발성과 우리말 발성을 쉽게 구분할 수 있게 된다.

캐나다에서 의성어식 발성 훈련을 통하여 듣기 실력이 일취월장할 때의 일이다. 사람 마음이 간사한지라 예전보다 훨씬 자연스럽게 잘 들리는 영어 소리를 감사하기보다, 연음으로 뭉개지는 소리를 잘 못 알아들을 때나 어휘나 표현을 몰라 알아듣지 못하는 경우 그리고 전화에 대고 속사포같이 말하는 캐나다인들의 말을 못 알아들을 때 스트레스를 받는 일이 더 많았다. 천리 길도 한 걸음부터라고 했는데 내 마음은 빨리 큰아들이나 원어민 수준까지 알아듣고 싶어 안달이 났다. 여러 가지 문헌과 경험담들을 검색해보고 나서 택한 방법이 외국어를 들음과 동시에 따라 하는 섀도잉shadowing과 최대한 빠른 속도로 말하는 연습이었다. 캐나다 사람들보다 더 빨리 말할 수 있다면 나보다 더 천천히 말하는 그들의 소리를 충분히 알아들을 수 있다는 나름대로 논리적이고 합리적인 이유에서였다. TV 채널을 어디로 돌려도 거의 영어 방송인지라 틈나는 대로 TV를 보면서 섀도잉 연습을 하고 주말에는 DVD로 영화를 즐기면서 섀도잉에 집중하려고 애를 썼다. 그럼에도 불구하고 의성어식 발성으로 귀가 열려가는 것을 경험하던 때와는 달리 큰 진전이 없었다. 아니 거의 차이를 느낄 수 없었다. 왜일까?

오랜 시간을 낭비하고 난 후에 알게 된 충격적인 사실은 빠르게 더 빠르게 말하는 연습을 하느라 그리고 원어민, 아나운서, 배우들의 말소리를 똑같이 따라 하는 연습, 즉 섀도잉을 하느라 놓친 것이 있었기 때문이다. 바로 의성어식 발성이었다. 복식호흡 발성이 내 몸에 완전히 체화되지 않은 상태에서 속도에만 신경쓰다보니 내가 의성어식이 아닌 우리말을 하던 습관대로 발성한다는 사실을 몰랐던 탓이었다. 그 사실을 깨닫고 난 후부터는 욕심을 버리고 의성어식 발성 즉 복식호흡 발성을 새롭게 훈련하는 반면 느린 속도로 의성어식 발성을 충분히 하고 난 후 조금씩 속도를 높였다. 엉뚱한 길에 빠져 잃어버린 시간이 참으로 아까웠다.

　우리 아이들도 비슷하다. 몇 달간 복식호흡으로 소리를 내는 의성어식 발성이 익숙해졌다 싶으면 연습을 게을리하거나 원어민의 발음을 따라 하면서 우쭐해한다. 내가 경험했던 유혹에 우리 아이들도 빠지는 것이다. 그래서 나는 철저하게 복식호흡을 강조한다. 일상생활에서 이것이 완벽하게 습득되지 않으면, 영어 실력은 좀처럼 향상되지 않는다. 잊지 말자. 쿵.쿵.쿵.쿵. 얍.얍.얍.얍!

의성어식 발성 연습하기

　다음 문장은 우리 공부방 1단계, 2단계 학생들의 1개월 학습 분량이다. 앞에서 훈련한 대로 의성어식 호흡을 통하여 복식호흡이 들어간 소리와 악센트 발성으로 한 단어씩 천천히 발성해보자. 익숙해지면 속도를 빠르게 하고, 속도가 충분히 빨라지면 유튜브에서 좋아하는 미국 드라마나 영화를 보면서 마지막 단계인 섀도잉을 하면 된다. 의성어식 발성의 마지막 단계인 섀도잉은 강세와 리듬을 똑같이 모방하는 훈련을 통해서 의성어식 발성을 완성하는 중요한 과정이다. 섀도잉을 하는 방법은 이후에 따로 설명을 하겠지만 똑같이 모방하게 되었다 생각이 들면 그 후는 음악 듣듯이 딴 일을 하면서 가능하면 여러 번 듣는 것이 바람직하다. 먼저 아래 문장을 보면서 의성어식 발성을 훈련해보자.

▼　　　▼　　　▼　　　▼　　　▼

Phil,　Would　you　get　them?

필,　우드(우)　유(쥬)　겟(게)　뎀(뗌)

▼　　　▼　　　▼　　　▼

Yeah,　Just　a　sec(ond).

야,　저스(트)　어　섹(세컨드)

▼ ▼ ▼
That is so.
댓 이즈 소우

▼   ▼   ▼   ▼
Kids, get down here.
키즈 겟 다운 히(얼)

▼ ▼ ▼ ▼   ▼   ▼ ▼ ▼   ▼   ▼
Why are you guys yelling at us when we're upstairs?
와이 아 유 가이즈 엘링 앳 어스 웬 위아 업스테이(얼)즈

▼   ▼   ▼
Just text me.
저스(트) 텍스(트) 미

● 천천히
❯ 그러나 정확하게

　　　　　　　　의성어식 발성이 무엇을 의미하는지, 복식호흡 발성이 무엇을 의미하는지, 또 실제로 어떻게 발성하는지, 악센트 발성은 무엇인지를 확실히 알고 간단한 영어 문장을 통해 충분히 숙달이 되었다면, 이번에는 속도를 높여야 할 차례다.

　일반적으로 영어 소리는 우리말에 비해 굉장히 빠르게 느껴진다. 내가 의성어식 발성법으로 훈련하기 시작한 후 우리말을 들었을 때와 영어 소리를 들었을 때의 차이점은 우리말은 걷는 것같이 느껴지는 반면 영어 소리는 말 타는 모습처럼 느껴졌다는 것이다.

　오뚝이 공부방에서는 3단계 훈련 즉 영어식 발성 속도 훈련을 위해서 메트로놈(박자기)을 이용한다. 스마트폰 어플리케이션을 통해 쉽게 구할 수 있다. 박자기의 빠르기는 70에서부터 시작한다. 빠르기 70이라 하면 1분 동안 템포가 70번 반복된다는 뜻이다. 일반적으로 느린 영어 회화의 빠르기는 150, 보통 영어 회화는 300, 원어민이 실생활에서 대화하는 속도는 250 내외다.

처음 이 박자를 들은 오뚝이들은 "선생님, 너무 느려요"라고 불평한다. 하지만 늦은 속도로 훈련하여 의성어식 발성을 몸에 배게 하는 일이 무엇보다 중요하다. 실제로 학습자들은 조금이라도 빠른 속도로 연습하길 원하고 바로 원어민의 소리를 따라하길 원한다. 그러나 의성어식 발성의 가장 중요한 특징인 복식 호흡이 완전히 몸에 익혀지지 않은 상태에서 빠른 속도로 발성을 하게 되면 입으로만 소리 내게 된다. 영어식 호흡을 이해는 하고 있지만 실제로 몸에 배지 않은 탓이다. 의성어식 발성이 몸에 배지 않으면 나중에 영어를 제대로 알아들을 수 없기 때문에 나는 섣불리 빠른 속도로 연습하는 것을 아주 엄격하게 금하고 있다.

빠르기 70으로 50회 연습한 후에(다다익선. 더 많이 연습하면 더 효과적이다) 의성어식 발성을 확실하게 익히게 되면 빠르기를 80, 90, 100, 이런 식으로 점점 높인다.

1단계 학생들은 1단계 문장으로 2단계 학생들은 2단계 문장으로 3단계 학생들은 3단계 문장으로 하루에 한 문장씩 연습한다. 여기서 1단계 문장은 1주어+1서술어의 단문, 2단계 문장은 단문 두 문장이나 중문이나 복문 한 문장, 3단계 문장은 단문 세 문장이나 중문, 복문이 포함된 두 문장을 말한다.

박자기를 사용하지 않아도 괜찮다. 문제는 얼마큼 익히느냐이다. 영어 문장을 무의식적으로 의성어식 발성을 통하여 말할 수 있을 때까지 반복하는 것이 중요하다. 영어식으로 소리를 낼 수 있게 되면 영어 소리가 차츰 모국어처럼 들리게 되니까 말이다.

다음 예문을 보자.

▼   ▼
<u>Kids,   Breakfast.</u>
키즈   브렉퍼스트

두 단어로 된 간단한 문장이지만 쉽게 생각해서는 안 된다. 'Breakfast'가 다섯 글자로 소리 나기 때문이다. 지금부터는 쿵이라든지 쾅이라든지 얍이라든지 하는 의성어를 함께 표시하지 않으나 반드시 먼저 복식호흡(악센트 발성)으로 워밍업warming up을 해야 한다. 한 단어를 한 박자에 한 번에 발성한다는 것이 가장 중요하다. 오뚝이 영어 공부방 아이들은 처음에는 제자리에서 뛰면서 발성 연습을 한다. 한 번 깡충 뛸 때 내려오며 발을 땅에 쿵 디딜 때 '키즈' 소리를 내고, 다시 뛰었다 발을 땅에 디딜 때 '브렉퍼스트'라고 한다. 처음에는 천천히 그러나 확실하게 발성하도록 한다. 한 단어씩 정확하게 발성을 하게 되면 그 다음부터는 연속해서 느린 속도에서부터 본인이 최대한 빨리 할 수 있는 속도까지 높여 키즈! 브렉퍼스트! 키즈! 브렉퍼스트! 키즈! 브렉퍼스트! 이런 식으로 연속해서 제자리 뛰기를 하며 발성 훈련을 한다. 여기서 가장 중요한 것은 정확성이다. 속도가 빨라지면 소리가 흐트러지기 쉽기 때문에 정확한 발성에 신경을 써야 한다. 발성이 흐트러지면 책상을 한 박자씩 두드리기도 하고 손바닥으로 박수를 치면서 연습을 하기도 한다.

왜 꼭 이렇게 우스꽝스럽고 별스러운 방법으로 훈련을 해야 할까? 딱 두 단어로만 된 한 문장을 30분씩 훈련할 필요가 있을까?

결론부터 말하자면, 확실히 그렇다.

유난한 방법으로 훈련을 시킨다고 생각할지 모르지만 의성어식 발성이 몸에 배는 만큼 영어 소리가 또렷하게 들리기 시작하기 때문에 몸을 이용한 훈련 방법은 확실히 효과가 있다는 것이 그동안 나 자신과 아이들이 경험하면서 얻은 결론이다.

아이들이 지루해하고 힘들어하고 형식적으로 따라 할 때면 우리가 모델로 삼아야 할 훌륭한 분들의 이야기를 들려주곤 한다.

《기적은 기적처럼 오지 않는다》의 저자 정유선 교수는 긍정의 눈으로 세상을 보고 '하늘은 스스로 돕는 자를 돕는다'는 격언을 생활신조로 삼아 뇌성마비 장애를 가진 사람으로서는 꿈도 꿀 수 없는 기적 같은 일들을 해냈다. 국내 최초로 해외에서 박사 학위를 받고, 미국 버지니아 주 조지 메이슨 대학 교수가 되었으며, 최고 교수가 되는 영예도 안았다. '간절히 원하면 이루어진다'는 그 한 문장을 좇아 하루하루를 작은 실행들로 채워서 기적을 선물 받은 정유선 교수를 본받아 열심히 해보자고 타이르면 아이들은 금방 눈이 초롱초롱해지며 다시 열심히 발성 연습에 임한다.

무수한 벽에 부딪치고 수도 없이 넘어질 때마다 당신은 뇌성마비 장애인이기 때문에 안 해도 된다든지 당신은 할 수 없다든지 하는 배려 아닌 배려와 비웃음에도 꿈을 포기하지 않고, 자신의 부족함으로 인해 좌절하기보다 잘하는 것을 더 잘해내리라 다짐하며 끝내 꿈을 이룬 정유선 교수는 내게도 존경스런 롤모델이다.

의성어식 발성 기초 훈련 기록표

복식호흡 발성 훈련을 위한 이 표는 입 앞쪽에서 나는 소리, 목 뒤쪽에서 나는 소리, 입 위쪽에서 나는 소리 그리고 입 아래쪽에서 나는 소리인 모음 '이, 에, 아, 오, 우'와 목 뒤쪽에서 소리가 나는 자음 'g(ㄱ), h(ㅎ), k(ㅋ)'를 조합하여 만들었다. 빠르기를 점차 높여 최대한 여러 번 반복하자.

템포	기	게	가	고	구	키	케	카	코	쿠	히	헤	하	호	후
70															
80															
100															
120															
150															
180															
200															
250															
300															
350															

의성어식 발성 실전 훈련표

이번에는 영어 문장을 통해 의성어식 발성을 연습해보자. 아무리 긴 음절의 단어라도 한 박자에 한 단어를 한 번에 소리 내야 한다. 시작 전 복식호흡도 잊지 말 것!

1단계 문장	Kids,	Breakfast.					
	쿵	쿵					
	Phil,	Would	you	get	them?		
	쿵	쿵	쿵	쿵	쿵		
	Yeah,	Just	a	sec.			
	쿵	쿵	쿵	쿵			
	That	is	so.				
	쿵	쿵	쿵				
	Kids,	get	down	here.			
	쿵	쿵	쿵	쿵			
2단계 문장	Why	are	you	guys	yelling	at	us
	쿵	쿵	쿵	쿵	쿵	쿵	쿵
	when	we're	upstairs?		Just	text	me.
	쿵	쿵	쿵		쿵	쿵	쿵

● 모방은
❜ 창조의 어머니

영어 원음 따라 하기 즉 섀도잉은 '그림자처럼 뒤따라간다'라는 뜻으로 영어를 귀로 들으며 동시에 입으로 따라 하는 학습법이다. 단순히 원어민의 발음만을 모방하는 것이 아니라 말하는 이의 소리를 똑같이 흉내 냄으로써 영어의 중요한 특징인 강세, 리듬, 억양, 속도에 학습자가 익숙해지도록 하는 것이 핵심이라고 할 수 있다.

그러나 이렇게 중요한 학습 방법도 의성어식 발성이라는 기본기가 되어 있지 않으면 큰 효과를 거두기가 어렵다. 반면에 복식호흡과 악센트 발성을 충분히 익힌 후 섀도잉의 단계에 접어들면 그 효과는 상상 이상으로 크다.

우리 오뚝이 공부방에서는 의성어식 학습법의 마무리 단계로 섀도잉을 활용한다. 이 훈련의 목적은 단순히 영어를 잘하는 것처럼 보이게 하는 것이 아니라 강세박자 언어인 영어의 강세와 리듬을 몸에 확실히 익히기 위함이다.

오뚝이 공부방 아이들은 따라 해야 할 원음 문장을 복식호흡과 악센트 발성으로 반복하면서 문장을 암기한다. 그 훈련이 숙달되면 문장을 보지 않고 소리만 듣고 똑같이 따라 하면서 강세와 리듬에 집중한다.

이때 중요한 것은 책이나 지문 전체를 섀도잉하는 것이 아니라 하루에 한 문장만 집중적으로 따라 한다는 점이다. 그 이유는 우리 오뚝이 영어 공부방의 학생들이(한국의 다른 영어 학습자들도 마찬가지지만) 모국어 환경도 아니고 제2외국어 환경도 아닌 외국어 환경에서 영어를 배우고 있기 때문이다.

영어 교육 학자들의 연구 결과에 따르면, 외국어 환경에서는 많은 양의 학습보다 적은 학습량을 반복하는 것이 더 효과가 있다고 한다. 그리고 실제로 하루에 여러 문장을 섀도잉하는 것보다 한 문장씩 반복 학습하는 것이 영어의 강세, 리듬, 억양, 속도를 몸에 배게 하는데 훨씬 효과적임을 나 역시 오랜 경험을 통해 깨우쳤다. 따라서 우리 오뚝이 공부방 아이들은 하루에 한 문장을 반복적으로 섀도잉한다.

사부의 말이면 묻지 않고 따라와주는 1기생 홍식이가 산 증인이다. 의성어식 발성이 충분히 숙달된 후 시중에 나와 있는 영어

프로그램을 이용해 하루에 한 문장 내지는 두 문장씩 일 년 정도 꾸준히 원음을 섀도잉한 결과 토익 시험에서 800점이 넘는 높은 성적을 거두었다. 작은 농촌 마을의 실업계 고등학생이 거둔 결과치고는 상당히 놀랄 일이었다. 하지만 내게는 점수 그 자체가 주는 감흥보다는, 우리 아이들이 들리는 영어를 경험하고 있다는 사실이 더 감격스러웠다. 뿐만 아니다. 우리 영어 공부방의 2기생 아이들도 빼놓을 수 없는 자랑거리다. 아이들의 학교에서 원어민 교사로 근무 중인 캐나다 출신 트라자나Trazana는 우리 공부방 아이들만 만나면 항상 "excellent!"를 외친다. 때로는 나에게 와서 이런 작은 시골 마을에 사는 아이들이 어쩌면 이렇게 영어 듣기와 말하기에 능통한지 모르겠다며 엄지손가락을 치켜세운다. 듣지 못하면 불가능한 일들이 의성어식 발성과 섀도잉 훈련을 통해 벌어지고 있는 것이다.

그렇다면 구체적으로 섀도잉은 어떻게 하는 것일까?

첫째, 섀도잉하기에 앞서 섀도잉할 문장을 보면서 한 단어씩 끊어서 단어마다 악센트를 주는 의성어식 발성으로 최소한 100번 이상 반복해서 읽는다. 머리로 생각하지 않고 입에서 저절로 나올 때까지 무조건 반복, 또 반복한다.

둘째, 문장 뜻은 상관하지 말고 오직 소리에만 집중하면서 듣기만 한다. 들으면서 무의식적으로 저절로 입이 따라 하게 되기까지다. 소리에만 집중한다는 것이 말은 쉬워도 결코 간단치 않다. 하지만 뜻에 집중하면 절대 소리가 들리지 않는다. 일단 소리가 들리면 아는 어휘는 모두 들리기 때문에 무조건 소리에만 집중해야 한다.

셋째, 처음에는 속으로 강세와 리듬을 흉내 낸다. 그러다 조금씩 소리를 크게 하여 따라 한다. 원음보다 더 크게 따라 할 수 있을 때까지다. 이때 중요한 것은 처음부터 정확한 문장으로 따라 하는 것보다 강세와 리듬을 익히는 것이 더 중요하다는 것을 꼭 기억해야 한다. 처음에는 노래를 흥얼거리듯이 따라 하다가 자연스럽게 입에서 원음과 같은 소리가 나기 시작하면 그때부터는 정확하게 흉내 낸다.

넷째, 문장을 보면서 훈련을 해도 좋다. 문장을 보면서 하는 경우는 원음보다 더 빠르게 섀도잉하는 훈련을 하는 방법인데 원음보다 한 박자 먼저 가도록 한다. 원음이 나를 섀도잉하고 있다고 느껴질 때까지다. 원음이 나를 섀도잉한다는 사실이 논리에 맞지 않는 것 같지만 이 역시 발상부터 재미있고 유익한 훈련이다.

● 당신도
❥ 할 수 있다

　　　　　　　　　　의성어식 발성 연습을 한 지 반년이
지나 2기생 아이들의 듣기 능력을 객관적으로 측정해보기 위해
수소문하던 중 어느 전화 영어 회사에서 무료 레벨테스트를 연
다는 정보를 입수했다. 내가 먼저 받아보았더니 측정 방법이며
수준이 꽤 괜찮았다. 당장 3단계 아이들을 불러 모아 테스트를
받게 했다. 결과는 만족할 만한 수준이었다. 갓 중학교 2학년이
된 유빈이는 레벨 5~6정도. 이해력과 듣기, 의사소통, 문법, 발음
에서 그 회사 전체 회원의 평균치를 넘었다. 유창성에서만 평균
수준이었다. 같은 학년인 도윤이와 재황이는 대부분 평균 수준
이었다. 초등학교 6학년생인 원빈이도 평균 수준이었다. 아이들
의 나이와 학습 기간을 고려한다면, 상당히 유의미한 결과였다.

아이들에게 테스트 받은 소감을 물었더니 원어민 선생님의 질문을 알아들을 수 있어서 신기했다는 답이 돌아왔다. 아이들에게 좋은 경험과 더불어 의성어식 발성 훈련에 대한 확신을 가져다준 좋은 기회였다.

의성어식 발성을 할 때 스크립트를 보면서 훈련을 하는 것이 좋은지 그렇지 않은지 묻는 사람들이 의외로 많다.

대답부터 하자면 오뚝이 공부방 아이들은 처음부터 스크립트를 보면서 훈련한다. 하지만 스크립트를 보면서 연습하든 보지 않고 연습하든 크게 중요하지 않다. 의성어식 발성법으로 얼마만큼 진정성 있게 반복하느냐가 영어 듣기와 말하기 실력을 판가름하기 때문이다.

오뚝이 공부방에서는 아이들이 이미 잘 알고 있는 어휘와 문장을 가지고 의성어식 발성을 한다. 처음에는 친숙한 단어만 들리지만 훈련이 거듭될수록 영어 소리를 정확하게 듣고 그 뜻을 인지할 수 있다는 것을 나와 우리 오뚝이 공부방 아이들을 통해 깨달았기 때문이다.

한 달 만에 완성하는 의성어식 발성법

의성어식 발성법의 핵심은 최소한의 문장을, 최대한 반복해 훈련하는 것이다. 너무 쉽다. 너무 간단하다. 몸에 깊이 배도록 반복만 하면 된다. 들리는 만큼 감사하자. 아래 문장을 보면서 일주일에 한 문장씩 연습해보자. 요일별로 템포수에 따른 반복횟수를 직접 기록하면서 연습량을 확인하면 된다. 한 달이 지나면 여러분의 듣기, 말하기 실력이 놀라울 정도로 달라져 있을 것이다.

문장	The snow glows white / on the mountain / tonight.					
1주차	반복횟수					
	월	화	수	목	금	토
템포수 80						
100						
120						
150						
180						
200						

문장	not a footprint / to be seen.					
2주차	반복횟수					
	월	화	수	목	금	토
템포수 80						
100						
120						
150						
180						
200						

문장	A kingdom of isolation / and it looks like / I am the queen.					
3주차	반복횟수					
	월	화	수	목	금	토
템포수 80						
100						
120						
150						
180						
200						

문장	The wind is howling / like this swirling storm / inside.					
4주차	반복횟수					
	월	화	수	목	금	토
템포수 80						
100						
120						
150						
180						
200						

4장

읽고 쓰기를 한 번에!

● 뼈대문법의
♥ 탄생

　　　　　　나는 조선 후기 실학파의 중심인 다산 정약용 선생을 존경한다. '부지런하고 부지런하고 부지런하라'는 뜻의 '삼근계三勤戒'는 내 마음에 게으름이 싹틀 때마다 채찍이 되어주는 귀한 가르침이다.

　실학은 학문을 위한 학문이 아니라 실생활을 위한 학문이었다. 입시 위주의 학습에만 치중했던 한국의 영어 교육이 본받아야 할 가치가 아닐까 생각한다.

　쉰이 넘어 뒤늦게 영어 교육의 길에 들어섰지만 우리나라 영어 교육을 사랑하는 마음은 누구 못지 않다. 매일 저녁마다 옹기종기 아이들을 모아 가르치고, 낮이면 약국 일을 보는 틈틈이 예쁜 그 녀석들을 위해 교재를 꾸미는 일을 10년 이상 해온 탓이

려니 여긴다. 6년의 영어 교육학 석박사 과정 동안 우리나라 영어 교육의 현실과 앞으로 가야 할 방향에 대한 안목도 부족하나마 생긴 것 같다.

지금 우리나라 영어 교육은 과도기에 와 있다. 소리 영어에 대한 현실적 필연성과 당위성이 엄연하기도 하지만 더 이상 방치할 수 없는 사회적 요구 때문이다. 뒤늦게 원어민 교사 초빙 같은 미봉지책 방법들이 나왔지만 그런 것들은 근본적인 해결 방법이 되지 못한다.

문자 영어의 경우도 변화의 물결이 필요하다. 영어 교육이 시험 성적 제일주의에 끌려다니다 보니 10년 이상 영어 공부를 해도 교과서나 문제 지문 외에 읽은 책은 별로 없고, 자기 생각을 글로 옮기지 못해 쩔쩔매는 사람들이 태반이다.

기존의 문법책들은 문법에 대한 많은 지식을 제공한다는 장점을 갖고 있다. 그러나 문법을 실제로 활용할 수 있는 폭넓은 안목을 기르기 어렵다. 이러한 점을 보완해 미국과 캐나다에서 공부하면서 독해와 영작할 때 활용했던 방법을 토대로, 이른바 '뼈대문법'이라는 나만의 방식으로 문법 골격을 세워보았다. 이 뼈대문법 역시 의성어식 발성법과 함께 우리 오뚝이 공부방 아이들의 읽기와 쓰기, 그중에서도 특히 독해에 탁월한 도움을 주고 있다.

이번 장에서는 뼈대문법 중에서도 가장 기본이 되는 핵심 네 가지를 단계별로 소개하고 문장 분석을 통해 활용하는 방법을 알아보고자 한다.

핵심 문법 네 가지는 먼저 문장의 기본이 되는 8품사와 확대 8품사, 영어의 구조와 어순의 기본이 되는 문장의 5형식, 영어 문법의 중심에서 엄마 역할을 하는 동사(본동사, 준동사, 조동사)의 분류와 활용, 그리고 세 종류의 수식어와 수식어에서 빼놓을 수 없는 역할을 하는 전치사와 종속접속사다.

이 네 가지 내용을 정확하게 이해하고 익히면 수준에 맞는 영어 문장을 이해할 수 있을 뿐 아니라 스스로 문장을 만들어낼 수 있는 안목이 생긴다.

그리고 외국 생활을 하는 동안 나 자신의 큰 약점이었으며 대부분의 한국 영어 학습자들의 공통된 약점이기도 하다는 생각으로 우리 아이들에게 1단계부터 강조해서 훈련시키고 있는 의문문 학습도 2단계까지의 내용을 함께 나누고자 한다. 미국과 캐나다에서 지낼 때 원어민들이 나에게 질문만 던지면 가슴이 울렁이고 현기증이 느껴지던 그 경험을 물려주고 싶지 않아서다.

● 품사에도
❝ 가족이 있다

　　　　　자음과 모음이 모여 글자가 되고, 글자들이 모여 문장의 최소 의미 단위인 낱말이 되고, 또 낱말들이 모여 비로소 문장이 된다. 영어 문장은 여덟 종류의 낱말(단어)들이 모여 문장을 이룬다. 이 여덟 종류의 낱말을 8품사라고 하는데 각각 문장 내에서 할 수 있는 기능function을 가지고 있다.

문장이 되는 과정

낱말을 문장에서 사용할 수 있도록 기능대로 분류해놓은 8품사를 그림으로 정리하면 다음과 같다.

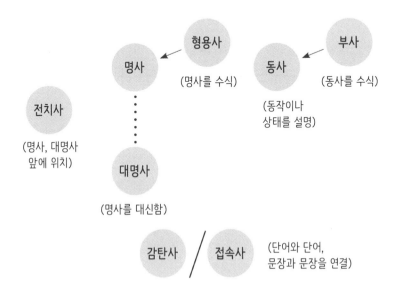

그런데 뼈대문법에서는 독특하게 일반적인 문법의 8품사 분류에 '가족 개념'을 도입하였다. 무슨 말인고 하니 명사 상당어구를 명사 가족에 포함시키고 형용사 상당어구는 형용사 가족에 그리고 부사 상당어구는 부사 가족에 포함시켰다. 이 분류 방법을 '확대8품사'라고 이름 지었는데 이 개념이 아주 중요하다. 동명사, to 부정사(명사적 용법, 형용사적 용법, 부사적 용법), 분사(현재분사, 과

거분사), 명사절, 형용사절(관계대명사, 관계부사), 부사절 등의 내용이
다 담겨 있기 때문이다.

공부방의 아이들은 1단계 과정에서 8품사를 이해하고 나면 2
단계 과정부터는 확대8품사를 학습하게 된다. 가족 개념을 사용
하는 품사는 명사와 형용사 그리고 부사 이렇게 세 가지이기 때
문에 명사는 명사 가족으로, 형용사는 형용사 가족으로, 부사는
부사 가족으로 확대해서 학습한다.

명사 상당어구라는 표현이나 형용사 상당어구, 부사 상당어
구 같이 딱딱한 용어들 대신에 '가족'이라는 용어를 사용하는 이
유는 공부방 아이들이 '같은 역할을 하는 한 가족'이란 개념으로
훨씬 쉽게 이해할 뿐 아니라 낯설고 딱딱한 느낌의 기존 문법적
용어보다 친근감 있게 받아들이기 때문이다.

＊ 명사 가족의 기능 : 문장에서 주요소(주어, 목적어, 보어)로 사용됨
　　　　　　　　　　전치사와 함께 쓰여 전치사 명사구(전명구) 수식어로 사용됨

* 형용사 가족의 기능 : 문장에서 명사를 수식하는 형용사 수식어로 사용됨
　(단, 서술형용사와 분사는 보어로도 쓰임)

* 부사 가족의 기능 : 문장 전체, 동사, 형용사, 다른 부사를 수식하는 부사 수식어로 사용됨

　문장은 낱말의 기능에 따라 중심 내용이 되는 '주요소'와 배경 지식이 되는 '수식어'로 나누어진다. 확대8품사의 낱말들이 각각 품사의 기능대로 나뉘어져 문장 내에서 주요소와 수식어로 쓰이게 되는 것이다. 다음 표를 보면서 좀 더 자세히 알아보자.

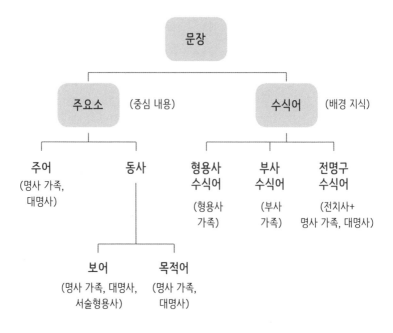

명사 가족, 대명사	주요소(주어, 목적어, 보어)
동사	주요소(동사)
형용사 가족	수식어(명사 수식), 주요소(보어: 서술형용사, 분사)
부사 가족	수식어(형용사, 동사, 다른 부사 수식어)
전치사	수식어(명사, 대명사와 결합해 전명구 수식어 역할)

주요소는 주어, 동사, 보어, 목적어로 나뉘는데 주어는 동작이나 상태의 주체가 되는 말로, 우리말의 '~은(는), ~이(가)'에 해당한다. 동사는 동작이나 상태를 나타내는 말로 주어를 설명하며 be동사(-이다)와 do동사(-하다)로 나뉜다. 보어는 주어나 목적어를 보충해주는 말이며 목적어는 동작의 대상이 되는 말로 우리말의 '~을(를), ~에(게)' 등이 여기에 해당한다. 뒤에서 자세히 설명하겠지만 영어는 크게 5형식 문장으로 나뉠 수 있으며 각 문장 형식마다 문장의 주요소인 주어, 동사, 목적어, 보어가 어순에 따라 배열되어 있다.

문장의 수식어는 크게 형용사 수식어, 부사 수식어, 전명구 수식어로 나뉘는데, 형용사와 부사는 각각 명사와 동사를, 전명구 수식어는 명사와 동사 모두를 꾸미는 역할을 한다. 문장의 수식어(배경 지식)는 영어의 네 분야 듣기, 말하기, 읽기, 쓰기 중 특히 읽기(독해) 파트에서 중요하다. 복잡하고 긴 문장일수록 수식어가 차지하는 부분이 많기 때문이다. 주요소와 수식어를 분별해내는 능력이 없으면 문장을 읽고 이해하는 속도와 능력이 많이 떨어지게 된다. 오뚝이 공부방에서는 1단계에서부터 짧은 동화 읽고 쓰기를 시작하면서 주요소와 수식어를 구별할 수 있도록 훈련하고 있다.

순서의
중요성

　　　　　　　　어순은 말이나 글에 있어서 주어, 술
어, 목적어, 수식어 등이 배열되는 순서를 의미한다. 영어의 어순
은 주어 - 서술어 - 목적어다. 그리고 영어에는 조사가 없기 때문
에 이 어순이 공식처럼 고정되어 있다. 이로 인해 '위치 언어' 또
는 '자리 언어'라고 일컬어지기도 한다. 또한 이 때문에 영어는
문장의 앞부분에서 뒷부분으로 가면서 순서대로 듣고 말하고 이
해되어야 한다. 국어는 조사가 있기 때문에 어순이 바뀐다고 해
도 뜻은 변함이 없다.

　소리 영어와 소리 한국어의 가장 큰 차이인 의성어식 발성법
을 모르거나 무시하면 영어 말(소리 영어)을 잘 알아들을 수 없듯

이, 영어의 어순을 모르거나 무시하면 제대로 된 영어 글(문자 영
어)을 배울 수 없다. 국어와는 다르게 영어에서는 어순이 바로 단
어의 역할을 결정하는 중요한 요인이기 때문이다.

영어와 한국어 문장에서 가장 큰 차이인 어순이 다르다는 말은
곧 영어는 어미나 조사가 없고, 국어는 어미와 조사가 있다는 말
과 같은 뜻이 된다. 그리고 그 사실을 한 문장으로 '영어에는 순
서가 있고 한글에는 조사가 있다'라고 표현하면 그 중심 개념이
확 드러나게 된다. 예문을 통해 자세히 알아보자.

영어 : I (나)　　　**caught** (잡았다)　　**flies.** (파리들)　: 조사가 없다
　　　　주어 위치　　동사 위치　　　　　목적어 위치

한글 : 나는　　　파리들을　　　잡았다.　　: 조사가 있다
　　　　주어　　　목적어　　　　동사
　　(는:주격조사)　(을:목적격조사)

두 문장의 순서를 한번 바꾸어보자,

영어 : Flies (파리들)　　**caught** (잡았다)　　I (나)
　　　　주어 위치　　　　동사 위치　　　목적어 위치

한글 : 파리들을	잡는다	나는
목적어	동사	주어

예를 든 위의 두 문장에서 보듯 국어는 주어, 서술어, 목적어의 순서를 바꾸어도 전혀 뜻이 달라지지 않지만 영어는 '내가 파리들을 잡았다'는 말이 '파리들이 나를 잡았다'는 말로 완전히 바뀌고 만다.

좀 더 자세히 설명하자면, 영어는 조사가 없이 단어들이 자기 순서(위치)를 지키면서 나열된 언어다. 그리고 문장 내에 쓰인 단어가 주어인지, 보어인지, 목적어인지를 결정해주는 것도 그 단어가 놓인 위치다. 주어 자리에 있으면 주어가 되고 서술어 자리에 있으면 서술어가 된다. 마찬가지로 보어 자리에 있으면 보어가 되고 목적어 자리에 있으면 목적어가 된다. 그만큼 영어에서는 어순에 따른 낱말의 위치가 중요하다.

정확한 이해를 위해 예를 몇 개 더 들어보자.

The rain poured down. 비가 억수같이 내렸다.
주어(명사)

It rains a lot in the summer. 여름에는 비가 많이 내린다.
동사(서술동사)

It is rain in my face. 내 얼굴에 떨어지는 것은 비다.
　　보어(명사)

We have much rain in the summer. 여름에는 비가 많이 온다.
　　목적어(명사)

'rain'이라는 한 단어가 주어 자리에 오면 주어가 되고, 동사 자리에 오면 동사가 되고 보어 자리에 오면 보어가 되고, 목적어 자리에 오면 목적어가 되는 것을 볼 수 있다. 그리고 '비'라는 명사로도 쓰이고 '비가 내린다'라는 동사로도 쓰인다. 문법적 용어로는 품사의 전환이라고도 하는 낯설고 흥미로운 이 현상을 설명할 수 있는 말이 바로 어순이다.

Light is necessary for growth of plants. 빛은 식물의 성장에 꼭 필요하다.
　　주어

Would you light your candle please? 촛불 좀 켜주시겠어요?
　　동사(서술동사)

She is the light of my life. 그녀는 내 인생의 빛이다.
　　보어(명사)

Shine your light forever and ever. 영원히 빛을 비추어라.
　　목적어(명사)

The show **was excellent.** 그 쇼는 정말 훌륭했다.
　주어(명사)

Can you show me how to do it? 그것을 어떻게 하는지 보여줄 수 있습니까?
　　　동사(서술동사)

It's all show. 전부 다 가짜야.
　　보어(명사)

Our teams put on a good show in the competition. 우리 팀은 시합에
　　　　　　　　목적어(명사)　　　　　　　　　　서 좋은 모습을
　　　　　　　　　　　　　　　　　　　　　　　　보여줬다.

　위의 두 예문에서도 마찬가지다. 'light'나 'show'라는 단어가 주어 자리에서는 주어가 되고, 서술어 자리에서는 서술어가 되고 보어 자리에서는 보어가 되고, 목적어 자리에서는 목적어가 되는 것을 볼 수 있다. 그리고 light와 show가 주어, 보어, 목적어 자리에서는 명사로, 서술어 자리에서는 동사로 품사가 전환되는 것도 알 수 있다.

알아두어야 할 주요 문법 용어

어미 語尾

용언 및 서술격 조사가 활용하여 변하는 부분. '맛있다', '맛있고', '맛있으며'에서 '다', '고', '으며' 등이 어미에 해당한다.

어간 語幹

활용어의 활용에서 변하지 않는 줄기 부분. '맛있다', '맛있고', '맛있으며'에서 '맛있-'이 어간에 해당한다.

조사 助詞

체언의 뒤에 붙어, 그 말과 다른 말과의 문법적인 관계를 나타내거나 특별한 뜻을 더해주는 품사.

체언 體言

문장 안에서 주어·목적어·보어·서술어 등으로 쓰이는 명사·대명사·수사를 총칭하는 말.

용언 用言

문장 안에서 서술하는 역할을 하는 동사와 형용사를 통틀어 이르는 말. 용언은 어간과 어미로 이루어져 있다.

어순을 이용한 학습 요령 세 가지

1. 영어 문장을 읽을 때는 자전거를 타는 것처럼 앞에서 뒤로 가면서 바로 해석해나가면 된다. 앞 단어를 뒷 단어가 설명하기 때문이다. 예를 들어 주어 설명은 서술어가 하고, 서술어 설명은 보어나 목적어가 하는 식이다. 앞에서 나온 예문 중 하나로 예를 들어 확인해보자.

Our teams put on a good show in the competition.

↓

Our teams 는 → put on 했다 → a good show 를
우리 팀은   보여주었다   좋은 경기를

→ in the competition 에서로 해석해나가면 된다.
   그 대회에서

2. 《5차원 영어》의 저자 원동연 박사는 자신의 저서에서 영어 문장의 어순은 주어(S) + 동사(V) + 누구(who) + 무엇(what) + 어디(where) + 왜(why) + 언제(when) + 어떻게(how)의 순서로 구성되어 있다고 설명한다. 이 역시 영어의 어순이 고정되어 있기에 가능한 것이다. 영어 어순을 제대로 알고 있으면 독해를 하거나 영작을 할 때 대단히 유용하게 쓸 수 있다.

3. 어순은 끊어 읽기와도 밀접한 관계가 있다.

1) 1단계 끊어 읽기

① 1주어+ 1동사를 찾아서 끊어 읽는다.

The sun rises / (in the east).

I am / a nurse. He is / happy.

She reads / the book.

I go / (to the library) / (to study).

I prepared / some money / to help my parents.

② 주어+동사 뒤에 목적어가 두 개 올 때나 목적어, 목적보어가 나올 때도
각각 끊어 읽는다.

She teaches / us / English.

I gave / her / a Chirstmas present.

Your smile makes / me / happy.

They call / me / Sam.

③ 접속사 앞에서 끊어 읽는다.

She came to the church / but her friend didn't.

I am happy / because I passed exam.

2) 2단계 끊어 읽기

① 문장 앞에 수식어(부사구, 부사절)가 올 때는 주어 앞에서 끊어 읽는다.

As a matter of fact, / he is a police.

To make matters worse, / it began to break.

Saying good bye, / he got on the train.

② 긴 주어 뒤에서 끊어 읽는다.

To study hard / is very important.

Making much money / is not the goal of my life.

That she is like an angel / is generally admitted.

③ 긴 목적어 앞에서 끊어 읽는다.

She told me / that she had been sick for a long time.

Can you tell him / where you live?

If my teacher knew / what I had done, / he must be upset.

④ 진주어와 진목적어 앞에서 끊어 읽는다.

It is very easy / for me to do such a thing.

It is very kind / of you to say so.

I think it easy / to learn this song.

I found it true / that she met him yesterday.

⑤ 선행사 뒤, 관계대명사 앞에서 끊어 읽는다.

This is the pen / which I bought.

That is the house / in which he lives.

I have a wonderful computer / with which I can make a face talk.

⑥ 삽입구 또는 삽입절 앞과 뒤에서 끊어 읽는다.

She is, / I am sure, / a excellent pianist.

Seoul, / the first largest city in Korea, / is famous for beautiful river.

The concert, / which had been held at the church yesterday, / was wonderful.

⑦ 접속사 앞에서 끊어 읽는다.

I asked him / if he could drive that car.

My mother gets up / before the sun rises.

She came to the church / but her friend didn't.

I am happy / because I passed exam.

⑧ 전명구 수식어, 분사, to 부정사 앞에서도 끊어 읽는다.

The sun rises / (in the east).

I prepared some money / to help my parents.

● 5개 문장만
● 외워라

　　　　　　　　《동사를 알면 죽은 영어도 살린다》라
는 제목의 책이 있다. 동사가 영어 학습에서 얼마나 중요한지를
잘 보여주는 말이다. 실제로 동사가 문법에서 차지하는 비중은
참으로 크고 중요하다. 주어에 동사만 있으면 문장의 기본 틀이
이루어진다. 그래서 세계의 많은 언어학자들이 영어가 가장 쉬
운 언어 중의 하나라고 주장하기도 한다.

　실제로 모든 영어 문장은 5형식을 벗어나지 않는다. 물론 명령
문, 생략, 도치 등의 예외 사항이 있다고 하지만 다른 언어에 비
해 그 수가 많지 않다.

　따라서 네 개의 주요소만으로 구성된 문장 5형식을 알고 문장
을 주요소와 수식어로 구분한다면 누구나 간단하게 영어 문장을

깨우칠 수 있게 된다. 오뚝이 공부방에 처음 공부하러 온 학생들은, 문장의 중심 내용이 되는 주요소(주어, 동사, 보어, 목적어)와 배경지식이 되는 수식어(전명구 수식어, 형용사 수식어, 부사 수식어)를 이해하고 나면 짧은 동화를 한 개씩 읽고 쓰고 외우게 된다. 처음부터 철저하게 문법은 독해를 위한 중요한 도구임을 아이들이 인식할 수 있도록 도와준다.

보통 40~50개의 쉬운 기초 단어로 된 이야기를 주요소와 수식어로 나누어 확실히 이해를 할 때까지 설명하고 매일 숙제로 스무 번 읽기와 열 번 쓰기를 한다(읽기는 물론 당연히 의성어식 발성으로 한다). 그리고 하루에 한 문장씩 의성어식 발성으로 백 번 이상 읽는다. 그러고 나면 문장이 저절로 암기된다. 열 문장이 조금 넘는 전체 스토리를 다 외우게 되면 한 사람씩 앞에 나와서 암송발표회를 한다. 모든 오뚝이들이 암기를 끝내야 다음 이야기로 넘어가기 때문에 다른 친구들을 위해서라도 되도록 빨리 암기하려고 하는 분위기다. 그중에서도 건영이와 유빈이, 도영이와 재황이, 지호는 두 번 말할 필요 없이 모든 과정을 본인들이 알아서 해낸다. 당연히 이 아이들은 최단 시간에 3단계 과정에 진입했다. 동화 스토리 열 개 정도는 항상 보지 않고 발표할 수 있다. 그 뒤를 이어 2단계인 호영, 상혁, 지훈, 원빈이가 뛰어난 기억력을 자랑하며 암기를 잘한다. 우진, 민규, 지민, 예영이는 기대되는 다음 주자들이다.

동사는 be동사(있다/이다 동사)와 do동사(하다 동사) 이렇게 크게 두 종류가 있는데 이들은 다시 완전자동사와 불완전자동사, 완전타동사와 불완전타동사로 나뉜다. 완전타동사는 다시 목적어를 한 개 가졌느냐 두 개 가졌느냐에 따라 둘로 나뉜다. 즉 이들 다섯 가지 동사의 종류에 따라 문장의 5형식이 결정된다.

이것은 뼈대문법에서 굉장히 중요한 내용이다. 반드시 기억하자. 모든 영어 문장은 아래에 보이는 것처럼 5형식 안에 속한다.

1형식 : 주어 + 동사

2형식 : 주어 + 동사 + 보어

3형식 : 주어 + 동사 + 목적어(~을)

4형식 : 주어 + 동사 + 간접목적어(~에게) + 직접목적어(~을, ~를)

5형식 : 주어 + 동사 + 목적어 + 목적보어

아무리 복잡한 문장이라도 주어, 서술어, 목적어, 보어 등 단지 네 개 주요소만으로 구성되어 있다. 나머지는 주요소를 꾸미는 수식어일 뿐이다. 모든 영어 문장은 1주어 + 1동사가 기본이 된다. 그리고 동사의 형태에 따라 다섯 가지의 형식을 갖는다는 점을 기억해야 한다.

1형식 : 주어 + 동사(완전자동사)

2형식 : 주어 + 동사(불완전자동사) + 보어

3형식 : 주어 + 동사(완전타동사) + (직접)목적어

4형식 : 주어 + 동사(완전타동사) + 간접목적어 + 직접목적어

5형식 : 주어 + 동사(불완전타동사) + 목적어 + 목적보어

동사의 단계별 학습표

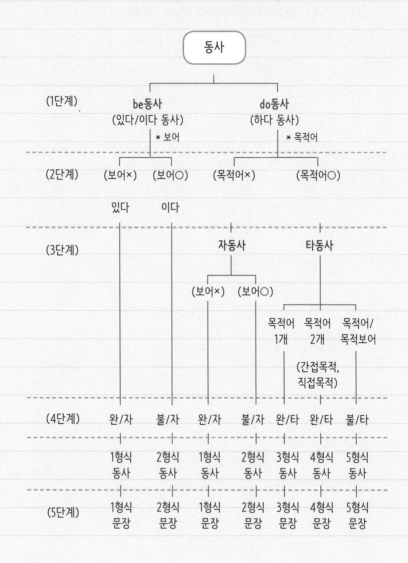

	동사					
(1단계)	be동사 (있다/이다 동사) * 보어		do동사 (하다 동사) * 목적어			
(2단계)	(보어×) (보어○)		(목적어×)	(목적어○)		
	있다 이다					
(3단계)		자동사	타동사			
		(보어×) (보어○)	목적어 1개	목적어 2개 (간접목적, 직접목적)	목적어/ 목적보어	
(4단계)	완/자 불/자	완/자 불/자	완/타	완/타	불/타	
	1형식 동사 2형식 동사	1형식 동사 2형식 동사	3형식 동사	4형식 동사	5형식 동사	
(5단계)	1형식 문장 2형식 문장	1형식 문장 2형식 문장	3형식 문장	4형식 문장	5형식 문장	

1단계 : 동사에 대한 기초 지식을 쌓는다. 움직임이 없는 be동사와 움직임이 있는 do동사를 구별한다.

I	am	(here).	I	run	(fast).
나	있다	(여기에)	나	달린다	(빨리)

완전자동사　　　　　　　　완전자동사

보어 없음　　　　　　　　보어 없음

2단계 : be동사가 두 종류로 쓰인다는 것을 배운다. be동사 뒤에 보어(명사 가족, 대명사, 서술형 형용사)가 없으면 '있다'는 뜻으로 쓰인다. 이때 be동사 이름은 완전자동사고 1형식 동사다. 뒤에 보어가 있으면 '이다'란 뜻으로 보어와 함께 주어를 보충 설명해준다. 이때 be동사 이름은 불완전자동사고 2형식 동사다.

I	am	his teacher.	He	became	a scholar.
나	이다	그의 선생	그	되었다	학자

불완전자동사　　보어　　　　　　불완전자동사　　보어

3단계 : 타동사와 목적어의 관계(목적어는 타동사의 대상임)와 목적보어를 설명한다. do동사 중에도 목적어가 있는 do동사와 없는 do동사가 있다. 목적어를 갖는 do동사는 목적어를 한 개 갖는 완전타동사, 목적어를 두 개 갖는 완전타동사 그리고 목적어와 목적보어를 함께 갖는 불완전타동사가 있다. 목적어를 한 개 갖는 완전타동사는 3형식 동사, 목적어를 두 개 갖는 완전타동사는 4형식 동사 그리고 목적어와 목적보어를 함께 갖는 불완전타동사는 5형식 동사다.

He	made	a box.	
그	만들었다	상자를	
	완전타동사	목적어	

She	sold	me	her house.
그녀	팔았다	나에게	그녀의 집을
	완전타동사	간접목적어	직접목적어

I	pushed	the door	open.
나	밀었다	그 문	열린
	불완전타동사	목적어	목적보어

4단계 : 다섯 가지 종류의 동사를 복습하는 과정이다.

5단계 : 1형식 동사는 1형식 문장, 2형식 동사는 2형식 문장, 3형식 동사는 3형식 문장, 4형식 동사는 4형식 문장, 5형식 동사는 5형식 문장에서 사용된다는 것을 확실히 각인시킨다.

● 동사는
🎵 문장의 엄마다

　　　　　　　　문장에서 동사의 역할은 가정에서의
엄마처럼 다양하고도 중요하기 짝이 없다.

　동사는 문장에서 1주어+1동사의 본동사로 사용된다. 그 외
동사의 활용은 크게 두 가지로 나눌 수 있는데 첫 번째는 돕는
역할이요, 두 번째는 변화하는 역할이다.

　동사의 돕는 역할이라 함은 첫째, 준동사인 동명사, 분사, to
부정사 형태로 명사, 형용사, 부사 역할을 하는 것을 말하는데
뼈대문법에서는 명사 가족, 형용사 가족, 부사 가족을 돕는 일이
라 표현한다. 둘째, 진행형, 수동태, 의문문, 부정문, 완료형 문장
에서 보조 조동사 역할을 하는 것을 말한다.

　동사의 변화하는 역할이란 자신의 형태를 변화시켜 '시제, 가

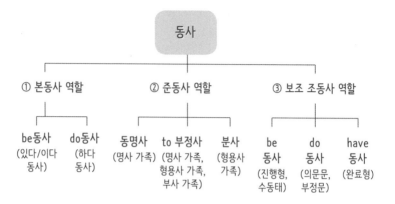

정법, 수동태, 화법'에서 쓰이는 것을 말한다.

그렇다면 예문을 통해서 동사의 돕는 역할을 알아보자. 먼저 준동사(동명사, 분사, to부정사)로 명사 가족을 돕는 역할이다. 동명사는 동사가 동사원형+ing 형태로 모습을 바꾸어 명사 역할(주어, 목적어, 보어)을 한다.

Eating in bed is not good for the health. (주어 역할)
(동명사: 주어)
잠자리에서 음식을 먹는 일은 건강에 좋지 않다.

I remember **visiting** the palace when I was young. (목적어 역할)
(동명사: 목적어)
나는 어렸을 때 궁궐에 방문했던 것을 기억한다.

Seeing is **believing**. (보어 역할)

(동명사: 주어)　　(동명사: 보어)

백문이 불여일견이다.

　이번에는 동사가 to+동사원형 형태로 모습을 바꾸어 명사 가족, 형용사 가족, 부사 가족 역할을 하는 to 부정사의 활용을 살펴보자.

1. 명사 가족 역할

To err is human, **to forgive** (is) divine. (주어 역할)

(to 부정사: 주어)　　　(to 부정사: 주어)

잘못은 인간, 용서는 신.

I like **to play** the guitar. (목적어 역할)

　　　　(to 부정사: 목적어)

나는 기타 연주하는 것을 좋아한다.

To do good is **to be** happy. (주어, 보어 역할)

(to 부정사: 주어)　　(to 부정사: 보어)

선을 행하는 일은 행복을 이루는 일이다.

2. 형용사 가족 역할

I have the book **to read.**

　　　　　명사를 수식하는 형용사 수식어

나는 읽을 책이 있다.

3. 부사 가족 역할(목적, 이유, 결과, 방법 등)

We eat **to live.**

　　　　　부사 수식어

우리는 살기 위해 먹는다.

준동사의 마지막은 분사로서 동사가 현재분사(동사원형+~ing), 과거분사(동사원형+-ed) 형태로 활용해 형용사 가족을 돕는 것이다.

I took a picture of the **melting** snow. (현재분사: 명사 수식)

　　　　　　명사를 수식하는 형용사 수식어

나는 눈이 녹고 있는 사진을 찍었다.

I can see the bird **singing** on the tree. (현재분사: 목적보어로 쓰임)

　　　　　　목적보어

나는 나무 위에서 노래하고 있는 새를 볼 수 있다.

They found the **baked** potatoes. (과거분사: 명사 수식)
　　　　　　名사를 수식하는 형용사 수식어

그들은 구운 감자를 발견했다.

I heard my name **called**. (과거분사: 목적보어로 쓰임)
　　　　　　　목적보어

나는 내 이름 부르는 소리를 들었다.

　동사의 역할 중 세 번째인 보조 조동사 역할을 살펴보자. 조동사에는 두 종류가 있는데 'can, will, shall, may, must, could, would, should, might' 등은 서법조동사로 쉽게 오리지널 조동사라고 불리기도 한다. 진행형에서의 be동사, 의문문, 부정문에서의 do동사, 완료형에서의 have동사는 보조 조동사다. 여기에서 말하는 동사의 역할이 바로 이 보조 조동사를 의미한다. be동사는 진행형, 수동태에서 do동사는 의문문, 부정문에서 그리고 have동사는 완료형에서 보조 조동사로 쓰인다.

　아래 예문을 통해 각각의 역할을 알 수 있다.

1. 진행형, 수동태 문장을 만드는 be동사

I am　　　　reading the book now. (be동사가 진행형을 만드는 보조
보조 조동사　본동사　　　　　　　　　조동사로 쓰임)

나는 지금 책을 읽는 중이다.

He was told the story by her. (be동사가 수동태를 만드는 보조
보조 조동사 본동사   조동사로 쓰임)

그는 그녀에게 그 이야기를 들었다.

2. 의문문, 부정문을 만드는 do동사

Do you have to go?(do동사가 의문문을 만드는 보조 조동사로 쓰임)
보조 조동사

너 가야 하니?

I **do** not have to go.(do동사가 부정문을 만드는 보조 조동사로 쓰임)
보조 조동사

나는 갈 필요가 없다.

3. 완료형 문장을 만드는 have동사

My mom **has** lived in this house for seventy two years.
　　　　　보조 조동사 본동사   (have동사가 완료형을 만드는
우리 엄마는 이 집에서 72년을 살았다.   보조 조동사로 쓰임)

● 동사의 변신은
● 무죄!

      지금까지 동사의 활용 중 돕는 역할에 대해 알아보았다. 이번에는 동사의 변화하는 역할에 대해 알아보자. 동사 형태가 변화하는 역할에는 시간에 따른 변화, 가정법(직설법, 명령법, 가정법)의 형태에 따른 변화, 화법에 따른 변화, 능동형에서 수동형으로, 혹은 그 반대로의 변화 등이 있다.

1. 시제에 따른 동사의 변화

  시제란 어떤 사건이나 사실이 일어난 시간 선상의 위치를 표시하는 문법 범주다. 크게 과거, 현재, 미래가 있으며 사건이 진행 중인지, 완료되었는지 등에 따라 열두 가지로 나눌 수 있다. 아래 그림을 보면 쉽게 이해할 수 있다.

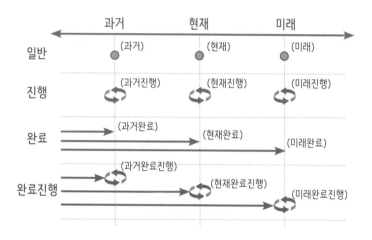

12시제 총정리 그래프

현재완료형, 과거완료형, 미래완료형, 현재완료진행형, 과거완료진행형, 미래완료진행형들은 영어 문법을 공부하는 학습자들이 어려워하는 개념이다. 근데 오뚝이 공부방 아이들은 완료형에 자신만만이다. 어떤 질문에도 쉽사리 척척 대답한다. 왜일까? 개념을 정확하게 이해하고 있기 때문이다.

이렇게 접근하면 아주 쉽다. '완료형'은 다른 말로 '이전에'이다. 그래서 '현재완료형' 하면 '현재 이전부터 현재까지'를 이야기하는 것이고, '과거완료형' 하면 '과거 이전부터 과거까지'를 이야기하는 것이 된다. 물론 '미래완료형'은 '미래 이전부터 미래까지'가 되는 것은 말할 필요도 없다. 이렇듯 정확한 개념 설명은 한자를 모르는 세대의 아이들에게 특히 더 필요하다는 사실을 교사나 강사들이 유념해야 할 것 같다.

그렇다면 'I check the email.(나는 이메일을 확인한다)'라는 문장을 통해 시제에 따른 동사의 변화를 확인해보자.

시제	형태	예문
현재	현재형 동사	I check the email.
과거	과거형 동사	I checked the email.
미래	will	I will check the email.
현재진행	am/are/is + ~ing	I am checking the email.
과거진행	was/were + ~ing	I was checking the email.
미래진행	will be + ~ing	I will be checking the email.
현재완료	have/has + p.p.	I have checked the email.
과거완료	had + p.p.	I had checked the email.
미래완료	will have + p.p.	I will have checked the email.
현재완료진행	have/has been + ~ing	I have been checking the email.
과거완료진행	had been + ~ing	I had been checking the email.
미래완료진행	will have been + ~ing	I will have been checking the email.

2. 직설법, 명령법, 가정법 형태에 따른 동사의 변화

영어에서 말하는 법mood은 화자의 마음 상태에 따라서 동사를 다르게 표현하는 것을 의미한다. 동사가 있는 사실을 그대로 말하는 방법은 직설법, 명령조로 말하는 방법은 명령법, 사실과 다르거나 사실을 가정해 '만일 ~라면'처럼 말하는 방법은 가정법이다. 가정법은 실현 가능성이 있느냐 없느냐에 따라 각각 가정법 현재와 과거형을 사용한다.

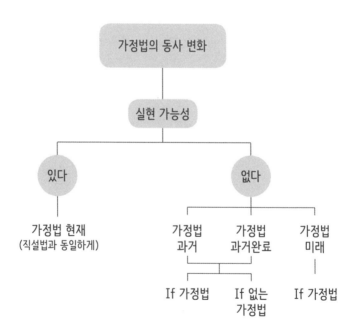

아래 표는 If가 있는 가정법 형태에 따른 동사의 변화를 표로
나타낸 것이다. 가정법 현재는 가정법에서 제외된다고 생각해도
무방하다. 실현 가능성이 없으면 동사, 조동사의 과거형을 사용
하여 가정법으로 표현하는데, 현재에 실현 가능성이 없으면 가
정법 과거로, 과거에 실현 가능성이 없었으면 가정법 과거완료
로, 미래에 실현 가능성이 없으면 가정법 미래로 표현한다.

	종속절 (조건절)	주절 (귀결절)
가정법 현재 (실현 가능성 유)	If 주어 + 동사원형	주어 + will + 동사원형
가정법 과거 (실현 가능성 무)	If 주어 + were, 동사 과거형 (만약 ~라면)	주어 + should + 동사원형 would might could (~일텐데)
가정법 과거완료 (실현 가능성 무)	If 주어 + had + p.p (과거완료) (만약 ~였다면)	주어 + should + have + p.p would might could (~였을텐데)
가정법 미래 (실현 가능성 무)	If 주어 + should + 동사원형 were to	주어 + should (shall) + 동사원형 would (will)

그렇다면 각각 예문을 통해 가정법 형태에 따른 동사의 변화
를 직접 확인하자.

① 가정법 현재 : 실현 가능성 있음

If it rains, I will not go hiking.

지금 비가 내린다면 나는 하이킹을 가지 못할 것이다.

② 가정법 과거 : 현재 실현 가능성 없음

If I were rich, I could buy a plane.

내가 부자라면, 비행기를 살텐데.

(= As I am not rich, I cannot buy a plane.)

③ 가정법 과거완료 : 과거 실현 가능성 없었음

If she had studied harder, she could have passed the exam.

그녀가 더 열심히 공부했더라면 시험에 합격했을텐데.

(= She didn't study harder, so she could not pass the exam.)

④ 가정법 미래 : 미래에 실현 가능성 거의 없음

If you should win Lotto, what would you do?

만약 당신이 로또에 당첨된다면 어떻게 하시겠습니까?

가정법은 If를 사용한 가정법과 If를 사용하지 않는 가정법으로 나뉜다. If가 없는 가정법은 If라는 단어는 없지만 관용적으로 가정의 뜻을 나타낸다. 다음 표에 나와 있는 표현을 외워두면 좋다.

	종속절 가정법 과거	종속절 가정법 과거완료
I wish	I wish + 과거형 (~라면 좋을텐데)	I wish + 과거완료형 (~ 였다면 좋을텐데)
as if, as though	as if + 과거형 (마치 ~인 것처럼)	as if + 과거완료형 (마치 ~였던 것처럼)
If it were not for = But for = Without	If it were not for = But for = Without (~이 없다면)	If it had not been for = But for = Without (~이 없었다면)

I wish it were (or was) true.

I wish it had been true.

나는 그것이 사실이길 바란다 / 바랐다.

He talks as if he knew the girl.

He talked as if he had known the girl.

그는 마치 그 소녀를 아는 것처럼 말한다 / 말했다.

If it were not for your help, he would fall.

= But for   your help, he would fall.

= Without   your help, he would fall.

If it had not been for your help, he would have failed.

= But for   your help, he would have failed.

= Without   your help, he would have failed.

만약 네 도움이 없다면 / 없었다면, 그는 실패할 거야 / 실패했을 거야.

3. 화법 전달에 따른 동사의 변화

화법 전환의 기본 법칙은 평서문(직접 화법에서 간접 화법으로)의 경우 따옴표를 없애고, 동사(전달 동사)를 바꾸고, 주절의 시제와 맞추고 인칭을 바꾸고, 형용사와 부사를 바꾸는 것이다. 주절의 시제와 맞출 때는 주절의 동사가 현재, 미래, 현재완료면 종속절의 시제는 제한이 없으며 주절의 시제가 과거이면 종속절의 시제는 과거나 과거완료가 된다(예외 있음).

He said, "This girl is very kind." ⟶ He said (that) that girl was very kind.

그는 말했다. "이 소녀는 정말 친절해요." → 그는 그 소녀가 정말 친절하다고 말했다.

He said to me, "I met your teacher." ⟶ He told me (that) he had met my teacher.

그는 나에게 말했다. "네 선생님을 만났어." → 그는 내게 나의 선생님을 만났다고 말했다.

She promised, "I will go there." ⟶ She promised that she

would come here.

그녀는 약속했다. "내가 거기로 갈 거야." → 그녀는 여기로 오겠다고 약속했다.

의문문을 전환할 때는 의문사가 있는 의문문의 경우 전달 동사를 ask로 바꾸고, 피전달문을 의문사 + 주어 + 동사 순서로 배열한다.

I said to him, "Where do you live?" → I asked him where he lived.

나는 그에게 말했다. "어디에 살아요?" → 나는 그에게 어디에 사느냐고 물었다.

의문사가 없는 의문문의 경우에는 전달 동사를 ask로 바꾸고, 피전달문을 if 혹은 whether + 주어 + 동사 순서로 배열한다.

She said to me, "Is this your house?" → She asked me if (whether) that was my house.

그녀는 내게 말했다. "여기가 당신의 집이예요?" → 그녀는 내게 그곳이 나의 집이냐고 물었다.

명령문을 전환할 때는 전달동사를 tell, ask, order, beg, advise 등으로 바꾸고, 목적어 뒤에 to 부정사를 사용한다.

She said to me, "Please open the window." → She asked me to open the window.

그녀는 내게 말했다. "창문 좀 열어주세요." → 그녀는 내게 창문을 열어달라고 요청했다.

감탄문은 전달동사를 cry, shout 등으로 바꾸고 감탄문 어순을 그대로 쓰거나, very를 보충하여 평서문으로 변경한다.

They said, "What a smart boy he is!" → They cried out what a smart boy he was. or They said that he was a very smart boy.

그들은 말했다. "정말 똑똑한 소년이군요." → 그들은 그가 정말 똑똑한 소년이었다고 감탄했다.

4. 능동형에서 수동형으로 혹은 그 역으로의 동사 변화

수동태는 주어가 동작을 받는 형태의 문장으로 주어 + be동사 + 과거분사 + by 행위자로 이루어진다. 자동사는 수동태로 바꿀 수 없고, 타동사만 수동태로 바꿀 수 있다.

수동태를 만드는 방법은 간단하다. 먼저 능동태의 목적어를 주격으로 바꾸어 수동태의 주어로 한다. 그 다음 능동태의 동사를 'be + 과거분사'로 바꾼다. 이때 중요한 것은 be동사는 수동태의 주어의 인칭, 수에 따라 결정되고, 시제는 능동태의 시제와 일치시킨다. 마지막으로 능동태의 주어를 목적격으로 고쳐 전치사 by 뒤에 둔다.

She <u>writes</u> a book. →   A book   <u>is written</u>   by her.
주어   목적어   주어   be동사＋과거분사   목적격

그녀가 책을 쓴다 → 이 책은 그녀에 의해 쓰여진다.

She <u>wrote</u> the books. → The books <u>were written</u> by her.

이때 by 행위자가 생략되는 경우가 있다. 능동태의 주어가 일반인을 나타내는 we, you, they, one, people 등일 때, 행위자가 불분명하거나, 나타낼 필요가 없을 때다.

We see the moon at night. → The moon is seen (by us) at night.

우리는 밤에 달을 본다. → 달은 밤에 보인다.

They speak Chinese in China. → Chinese is spoken (by them) in China.

그들은 중국에서 중국어를 사용한다. → 중국어는 중국에서 쓰인다.

Many soldiers were killed in Korean war.

많은 병사들이 한국 전쟁에서 사망했다.

수동태 문장에서 유의할 점

1. 4형식은 '주어 + 동사 + 간접목적어 + 직접목적어'로 이루어져 있으므로 목적어가 두 개이기 때문에 수동태도 두 가지다.

   He gave me a book. → I was given a book by him.

   → A book was given to me by him.

   그는 나에게 책을 주었다. → 나는 그에게 책을 한 권 받았다.

   → 책은 그를 통해 나에게 건네졌다.

   그러나 4형식 문장에서 동사 buy, make, write, send, pass 등이 쓰이면 직접목적어만이 수동태의 주어가 될 수 있다.

   She sent me the letter. → The letter was sent to me by her.

   그녀는 내게 편지를 주었다. → 그 편지는 그녀에 의해 나에게 보내졌다.

2. 지각동사, 사역동사 다음의 원형부정사가 수동태에서는 to 부정사 형태가 된다.

   I made him go there. → He was made to go there by me.

   나는 그를 거기에 가도록 만들었다. → 그는 나에 의해 그곳에 가게 되었다.

3. 5형식 문장을 수동태로 고치면 2형식 문장이 된다.

They call her angel. → She is called angel by them.

그들은 그녀를 천사라고 부른다. → 그녀는 그들에게 천사로 불린다.

4. '자동사 + 전치사'는 한 단어로 취급된다.

The car ran over the dog. → The dog was run over by the car.

차가 개를 치었다. → 개가 차에 치었다.

5. 조동사가 있는 문장은 '조동사 + be + 과거분사' 형태가 된다.

I can solve the problem. → The problem can be solved by me.

나는 그 문제를 풀 수 있다. → 그 문제는 나에 의해 풀릴 수 있다.

6. 꼭 외워야 할 수동태의 관용적 표현

① We <u>were surprised at</u> the news. (놀라다)

② She <u>is interested in</u> music. (흥미를 갖다)

③ This restaurant <u>is known to</u> everybody. (알려지다)

④ I <u>am tired of</u> the computer game. (싫증나다)

⑤ I <u>am tired with</u> running. (지치다)

⑥ He <u>is satisfied with</u> the result. (만족하다)

⑦ My son <u>was pleased with</u> the present. (기뻐하다)

⑧ The hall <u>was crowded with</u> people. (붐비다)

⑨ The mountain <u>was covered with</u> snow. (덮이다)

⑩ The glass <u>is filled with</u> water. (가득 차다)

그림으로 배우는 동사의 활용

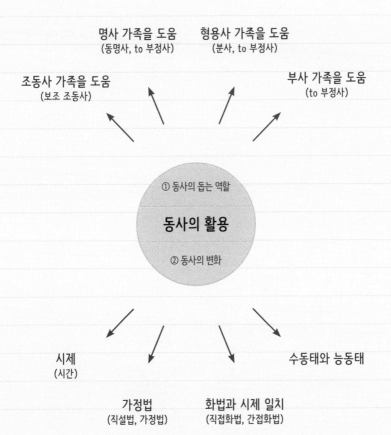

명사 가족을 도움
(동명사, to 부정사)

형용사 가족을 도움
(분사, to 부정사)

조동사 가족을 도움
(보조 조동사)

부사 가족을 도움
(to 부정사)

① 동사의 돕는 역할

동사의 활용

② 동사의 변화

시제
(시간)

수동태와 능동태

가정법
(직설법, 가정법)

화법과 시제 일치
(직접화법, 간접화법)

● 너와 나의 연결 고리,
❷ 접속사

접속사는 단어와 단어 또는 문장과 문장을 연결해주는 문장 성분으로 뼈대문법에서는 특히 종속접속사를 전치사와 함께 아주 중요하게 다룬다. 먼저 접속사의 종류와 성격을 표로 알아보자.

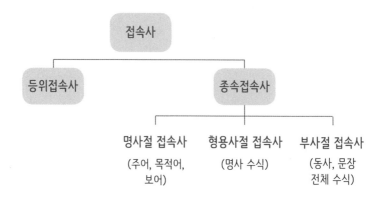

등위접속사는 대등한 두 문장을 연결해주는 접속사로 and(그리고), or(혹은, 그렇지 않으면), so(그래서), but(그러나), for(왜냐하면), yet(그렇지만, 그런데도) 등이 있다. 아래 예문을 통해 확인하자.

Slow and steady wins the race.

천천히 그리고 꾸준히 하는 자가 승리한다.

Which would you like, coffee or tea?

커피와 차 중에 어떤 걸 드릴까요?

I have a toothache so I can't eat ice cream.

나는 이가 아파서 아이스크림을 못 먹어요.

This soup is delicious but too hot.

이 수프는 맛있지만 너무 뜨겁다.

I can't eat ice cream for I have a toothache.

나는 이가 아파서 아이스크림을 먹을 수 없어요.

It's a small car, yet it's spacious.

작은 차지만 넓다.

종속접속사는 크게 명사절 접속사와 형용사절 접속사, 부사절 접속사로 나뉜다. 다음 표를 보자.

명사절 접속사 (주요소)	that, if, whether	주어, 목적어, 보어로 사용됨
형용사절 접속사 (형용사 수식어)	who, which, that	명사를 뒤에서 수식 (관계대명사절, 관계부사절)
부사절 (부사 수식어)	when, whenever, while, before	시간
	because, since, as	이유
	if	조건
	though, even though	양보
	so that, in order that	목적
	as	방법
	as~ as, more ~ than	비교

명사절 접속사는 문장의 주요소인 주어, 목적어, 보어로 사용된다.

Is it true <u>that you bought a Rolls Royce</u>? (명사절: 진주어로 쓰임)

당신이 롤스로이스를 샀다는 게 사실인가요?

<u>What happened</u> was perfect. (명사절: 주어로 쓰임)

일어난 일은 완벽했다.

The point is <u>whether you will read this book</u>. (명사절: 보어로 쓰임)
중요한 것은 네가 이 책을 읽을 것인가 하는 것이다.

Does he know <u>if the bus is going to be late</u>? (명사절: 목적어로 쓰임)
그는 버스가 늦을 거라는 걸 알고 있나요?

I do not know <u>what is (in the car)</u>. (명사절: 목적어로 쓰임)
나는 차 안에 무엇이 있는지 모른다.

　형용사절 접속사는 명사를 뒤에서 수식하는 역할을 하는데 꾸며줄 명사를 자신이 포함하고 있는 관계대명사, 복합관계대명사(관계대명사+ever), 관계부사, 복합관계부사(관계부사+ever)는 형용사절이 될 수 없다.

<u>What</u> she said is true.
그녀의 말은 사실이다.

Read <u>whatever you like</u>.
네가 좋아하는 것은 무엇이든 읽어라.

Whoever cares to learn will always find a teacher.

배우려는 자는 언제나 스승을 찾아낸다.

Wherever she goes, I'll go with her.

그녀가 어디를 가든, 나는 그녀와 함께 갈 것이다.

부사절 접속사는 동사나 문장 전체를 수식해 시간, 이유, 조건, 양보, 목적, 방법, 비교 등을 나타낸다. 이 역시 예문을 통해 살펴보자.

Tell me please when you need my help. (시간)

제 도움이 필요하면 말씀해주세요.

I went inside because it was raining. (이유)

비가 와서 안으로 들어갔다.

Catch me if you can. (조건)

할 수 있으면 날 잡아봐.

She studied hard even though she felt sick. (양보)

그녀는 아픈데도 불구하고 열심히 공부했다.

We hurried so that we can catch the train. (목적)

우리는 그 기차를 타기 위해 서둘렀다.

Study English first as I told you. (방법)

내가 말한대로 영어 공부부터 해라.

It was much better than we'd expected. (비교)

우리가 예상한 것보다 훨씬 좋았다.

이때 한 가지 재미있는 점은 Because it was raining, I went inside(= I went inside because it was raining)처럼 주절과 종속절의 위치를 바꾸는 게 가능하다는 것이다. 대신 종속절이 끝난 뒤 반드시 쉼표를 찍어주어야 한다.

● 더 이상 헷갈리지 말자,
● 전치사

전치사는 하나의 명사나 대명사, 다른 어떤 낱말과의 관계를 나타내주는 역할을 한다. 전치사는 명사, 대명사의 앞에 위치해 전명구 수식어로 쓰이며 전치사 뒤에는 반드시 목적격이 함께 쓰인다.

뒤에 나오는 표와 그림은 헷갈리기 쉬운 전치사를 쉽게 이해하고 구별하기 위해 오뚝이 공부방에서 자주 사용하는 것들이다. 여러분도 이 그림을 통해 전치사에 대한 개념을 확실히 정립하기 바란다.

1. 장소와 시간을 함께

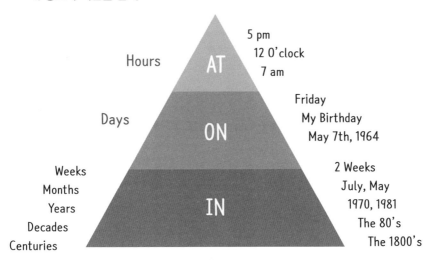

위 그림에서 보는 것과 같이 시간과 장소를 같이 쓸 수 있는 기본 전치사는 1차원 전치사 'at', 2차원 전치사 'on', 3차원 전치사 'in' 이렇게 세 가지가 있다.

장소와 시간의 기본 전치사	1차원(점)		2차원(면)		3차원(공간)	
	at		on		in	
	지점, 주소	시각, 한 시점	표면 위, 거리명	날짜, 요일, 특정일	건물, 도시, 나라	월, 계절, 년도

My school begins at eight o'clock.

우리 학교는 8시에 시작한다.

He works at Insa-Dong in Seoul.

그는 서울에 있는 인사동에서 일한다.

We do not go to school on Sunday.

우리는 일요일에는 학교에 가지 않는다.

My book is on the desk.

내 책은 책상 위에 있다.

Let's go on a picnic in May.

5월에 소풍을 가자.

His friends are in his room.

그의 친구는 그의 방 안에 있다.

2. 시간, 장소, 위치, 움직임을 그림으로

전치사	그림	뜻	예문
above		~(보다)위쪽에	The picture hangs above my bed. 그림은 내 침대 위쪽에 걸려 있다.

across		~을 가로질러, 건너서	There isn't a bridge across the river. 강을 가로지르는 다리가 없다.
after		~후에(시간), ~뒤에(장소)	The cat ran after the dog. 고양이는 개 뒤를 쫓았다.
against		~에 반대하여, ~에 붙여(배경으로)	The person is backed against the wall. 그 사람은 벽에 등을 기대고 있다.
along		~을 따라서	They're walking along the beach. 그들은 해변을 따라서 걷는 중이다.
among		~사이에(셋 이상)	I like being among people. 나는 사람들 사이에 있는 것을 좋아한다.
around		~주위에(정지 상태)	We're sitting around the campfire. 우리들은 캠프파이어 주위에 앉아 있다.
away		~로부터 떨어져	She ran away from the policeman. 그녀는 경찰로부터 도망쳤다.
behind		~뒤	Our house is behind the supermarket. 우리 집은 슈퍼마켓 뒤에 있다.

below		~아래	Death Valley is 86 metres below sea level. 죽음의 마을은 86 미터 해면 아래에 있다.
beside (=next to)		~옆에	Our house is beside the supermarket. 우리 집은 슈퍼마켓 옆에 있다.
between		~사이에(둘)	Our house is between the supermarket and the school. 우리 집은 슈퍼마켓과 학교 사이에 있다.
by		~의 옆에	He lives in the house by the river. 그는 강 옆에 있는 집에서 산다.
close to (=near)		~의 옆에, 가까이에	Our house is close to the supermarket. 우리 집은 슈퍼마켓 가까이에 있다.
down		~ 아래에	He came down the hill. 그는 언덕 아래로 내려왔다.
from		~로부터	Do you come from Tokyo? 당신은 도쿄에서 왔습니까?
in front of		~의 앞에	Our house is in front of the supermarket. 우리 집은 슈퍼마켓 앞에 있다.

inside		~안에	You shouldn't stay inside the castle. 당신은 성 안에 머무르면 안 됩니다.
in*		~안(3차원 공간)	We slept in the car. 우리들은 차 안에서 잤다.
		공간(넓은 지역 안에)	I was born in England. 나는 영국에서 태어났다.
into		~안으로	You shouldn't go into the castle. 당신은 성 안으로 들어가면 안 됩니다.
off		~로부터 떨어진	The cat jumped off the roof. 고양이가 지붕에서 뛰어내렸다.
on*		~면 위에	There is a fly on the table 탁자 위에 파리가 있다.
onto		~쪽으로(방향)	The cat jumped onto the roof. 고양이는 지붕 위로 뛰어올랐다.
opposite		맞은편에	Our house is opposite the supermarket. 우리 집은 슈퍼마켓 맞은편에 있다.
out of		밖으로	The cat jumped out of the window. 고양이가 창문 바깥으로 뛰쳐나갔다.

outside		바깥쪽	Can you wait outside? 바깥에서 기다려줄 수 있습니까?
over		~ 바로 위	The cat jumped over the wall. 고양이가 벽을 뛰어넘었다.
past		~ 지나서(위치, 정도)	Go past the post office. 우체국을 지나서 가세요.
round		~을 돌아, (빙)둘러	We're sitting round the campfire. 우리들은 캠프파이어 주위에 앉아 있다.
through		~을 통과하여	You shouldn't walk through the forest. 당신은 숲을 통과해서 가면 안 됩니다.
to		~까지, ~쪽으로	Can you come to me? 당신은 나에게 올 수 있습니까?
towards		~쪽으로(운동 방향)	We ran towards the castle. 우리들은 성이 있는 쪽으로 달렸다.
under		~아래	The cat is under the table. 고양이는 탁자 아래에 있습니다.
up		~위쪽으로(운동 방향)	He went up the hill. 그는 그 언덕을 올라갔다.

174

3. 위치, 방향, 움직임을 한눈에

~바로 위	over	~앞	in front	~사이에 (둘)	between
~바로 아래	under	~뒤	behind	~사이에 (셋 이상)	among
~(보다)위쪽에	above	~ 부터	from	~주위에 (정지 상태)	around
~(보다)아래쪽에	below	~ 까지	to	~을 돌아서 (동작)	round
안으로	into	위쪽으로 (운동 방향)	up	~옆에	beside, next to
밖으로	out of	아래쪽으로	down	맞은편에	opposite
~의 옆에	by	위(접촉)	on	~로 (go, come과 함께 쓰여 도착 지점을 나타냄)	to
~을 따라서	along	아래(접촉)	beneath	~을 향하여 (leave, start 와 함께 쓰여 방향을 나타냄)	for

4. 시간을 명확하게

~ 전에 ~ 앞에(장소)	before	~동안 (구체적 시간의 길이)	for
		~동안 쭉 (처음부터 끝까지)	through
~ 후에 ~ 뒤에(장소)	after	~동안, ~ 중에 (계절, 주말 등 특정한 기간을 나타냄)	during

~까지(기한)	by	~부터 ~까지	from ~ to
~까지(지속)	until (=till)	~ 이래로 (과거부터 지금까지)	since

또한 전치사는 명사(명사 가족), 대명사와 함께 전명구 수식어가 된다. 전명구 수식어는 형용사 수식어, 부사 수식어 역할을 다 할 수 있다.

The computer <u>on the desk</u> is mine.

책상 위에 있는 컴퓨터는 내 것이다.

Put the computer <u>on the desk</u>, please.

컴퓨터를 책상 위에 놓아주세요.

이때 전치사 뒤에는 명사 가족, 대명사(목적격)만 올 수 있다.

Did you go to church <u>with him</u>? (전치사 + 대명사목적격)

당신은 그와 함께 교회에 갔습니까?

I got an e-mail <u>in German</u>. (전치사 + 명사)

나는 독일어로 된 이메일을 받았다.

She will get a job <u>instead of going</u> to college.　(전치사＋동명사)

그녀는 대학에 가는 대신 직장을 얻을 것이다.

He was <u>about to go</u> boating.　(전치사 + to 부정사)

그는 보트를 타러 가려던 참이었다.

He stayed <u>till after it grew dark</u>. (전치사 + 명사절)

그는 날이 어두워질 때까지 머물렀다.

중요 전치사의 비교(오뚝이 공부방 3단계용)

1. on과 about

   He knows nothing on the subject. (그 문제에 대해 모른다)

   He knows nothing about the matter. (그 일/사건에 대해 모른다)

2. of와 about

   I know of her. (사람이나 사물의 존재)

   I know about her. (사람이나 사물에 관한 정보)

3. by와 with

   The president was killed by an assassin. (행위자)

   by train, by bus, by ship, by airplane (수단)

   She took me by the hand. (수단)

   The soldier was killed with a stone. (도구)

4. for, after, on

   We work for money. (획득)

   Don't run after two hares. (추구)

   I went to Seoul on business. (용무)

   I go on a errand. (용무)

He went on a picnic / journey / tour / trip. (여행)

5. to와 into

   Ten people were burnt to death. (결과)

   Heat changes water into steam. (변화의 결과)

6. from과 through

   They smoke from habit. (습관이 흡연의 직접 원인)

   She was dismissed through neglect of duty. (직무태만은 간접 원인)

7. of와 from

   His uncle died of consumption. (폐병으로: 원인)

   Her sickness comes of drinking too much. (과음으로: 원인)

   She is suffering from influenza. (인플루엔자로 인하여: 원인)

8. at과 over

   I was surprised at her failure. (감정의 원인이 되는 일을 보거나 듣고)

   They all rejoiced over the victory. (감정의 원인이 되는 그 자체로 인함)

9. of와 from

   This house is built of wood. (물리적 변화)

   Wine is made from grapes. (화학적 변화)

● 뼈대문법으로
❯ 독해 훈련하기

앞부분이 뼈대문법의 뿌리였다면 지금부터는 뼈대문법의 꽃이라고 할 수 있겠다. 이 장을 쓰는 내내 부득이한 형편으로 끝까지 돌봐주지 못한 서울의 원지나 마산의 하늘이 같은 오뚝이들을 떠올렸다. 그 녀석들이 이 장을 보면서 뼈대문법 마무리 공부를 할 수 있기를 바라는 마음으로 정리해 보았다.

1. 1단계 학생들을 위한 훈련

영어는 위치 언어로 조사가 없기 때문에 앞에서 뒤로 가면서 해석한다.

① 1형식 문장 : 주어 설명을 뒤의 동사가 해준다.

I → run.

주어 （동사: 주어 I 설명）

나는 → 달린다

② 2형식 문장 : 주어 설명을 뒤의 동사와 보어가 해준다.

He → is diligent.

주어 （be동사+보어: 주어 He 설명）

그는 → 부지런하다

Jajang-nuddle → tastes good.

주어 （지각동사+보어: 주어 짜장면 설명）

짜장면은 → 맛있다

③ 3형식 문장: 주어 설명을 동사가, 동사 설명을 목적어가 해준다.

I → love → my parents.

주어 （동사: 주어 설명） （목적어: 동사의 대상– 동사 설명）

나는 → 사랑한다 → 나의 부모님을

(* 목적어: 동사의 대상이나 이해를 돕기 위해 동사 설명으로 표현하겠음)

④ 4형식 문장 : 주어 설명을 동사가, 동사 설명을 간접목적어가, 간접목적어 설명을 직접목적어가 해준다.

She → gave → me → a Christmas present.
주어　　(동사: 주어 설명) (간접목적어: 동사 설명) (직접목적어: 간접목적어 설명)
그 여자는 → 주었다 → 나에게 → 크리스마스 선물을

⑤ 5형식 문장 : 주어 설명을 동사가, 동사 설명을 목적어가, 목적어 설명을 목적보어가 해준다.

He → calls → me → boss.
주어　　(동사: 주어 설명) (목적어: 동사 설명) (목적보어: 목적어 설명)
그는 → 부른다 → 나를 → 대장이라고

2. 2단계 학생들을 위한 뼈대문법의 핵심

다시 한 번 강조하지만, 문장은 주요소와 수식어로 이루어진다. 주요소는 주어, 동사, 목적어, 보어처럼 문장에 꼭 있어야 할 중심 내용을 말하고 수식어는 형용사 수식어, 부사 수식어, 전명구 수식어처럼 중심 내용을 보충 설명해주는 배경 지식 또는 꾸밈말이라 할 수 있다.

1) 주요소로만 이루어진 문장

주어, 동사, 목적어, 보어로만 이루어져 있고 수식어는 없는 문장을 의미한다.

① 1형식 문장

Birds	sing.
주어	동사
(명사 가족)	(동사)

② 2형식 문장(보어가 형용사 가족인 경우)

He	was	happy.
주어	동사	보어
(대명사)	(be동사)	(형용사 가족: 서술 형용사)

②-1 2형식 문장(보어가 명사 가족인 경우)

Tom	is	American.
주어	동사	보어
(명사 가족)	(be동사)	(명사 가족)

③ 3형식 문장

The birds	can catch	the worm.
주어	동사	목적어
(명사 가족)	(조동사, 동사)	(명사 가족)

④ 4형식 문장

He	sold	me	his car.
주어	동사	간접목적어	직접목적어
(명사 가족)	(동사)	(대명사)	(명사 가족)

⑤ 5형식 문장(목적보어가 서술 형용사인 경우)

She	made	me	happy.
주어	동사	목적어	목적보어
(대명사)	(동사)	(대명사)	(형용사 가족: 서술 형용사)

⑤-1 5형식 문장(목적보어가 명사 가족인 경우)

He	calls	me	boss.
주어	동사	목적어	목적보어
(대명사)	(동사)	(대명사)	(명사 가족)

2) 주요소와 수식어로 이루어진 문장

명사 가족을 수식하는 형용사(가족) 수식어, 동사나 문장 전체를 수식하는 부사(가족) 수식어, 명사 가족이나 동사를 다 수식할 수 있는 전명구 수식어는 주요소 앞뒤에서 수식이 가능하다. 형용사(가족) 수식어는 형용사와 분사를 제외하고 모두 명사 뒤에서 명사를 수식한다.

① 1형식 문장

A　(little)　　　boy　　　went　　　(to the farm).
　　(형용사 수식어)　주어　　　동사　　　(부사 수식어: 장소)

　　[배경 지식]　　　[중심 내용]　[중심 내용]　[배경 지식]

② 2형식 문장

(Her white)　　　　cat　　　　is　　　(really)　　cute.
(소유격 / 형용사 수식어)　주어　　　be동사　　(부사 수식어)　보어

[배경 지식]　　　　　　[중심 내용]　　[중심 내용] [배경 지식]　　[중심 내용]

③ 3형식 문장

I　bought　the book　(which you talked to me about yesterday).
주어　동사　　목적어　　　(형용사 수식어)

[　　　중심 내용　　　] [배경 지식]

④ 4형식 문장

(Yesterday)　　　she　　　told　　　him　　　(an interesting)
(부사 수식어: 시간)　주어　　　동사　　　간접목적어　(형용사 수식어)

[배경 지식]　　　　[중심 내용] [중심 내용]　[중심 내용]　[배경 지식]

story　　　(about her college).
직접목적어　(전명구 수식어)

[중심 내용]　[배경 지식]

⑤ 5형식 문장

She　　　advised　　me　　　to do　　(right now).
주어　　　동사　　　목적어　　목적보어　(부사 수식어: 시간)

[중심 내용]　[중심 내용]　[중심 내용]　[중심 내용]　[배경 지식]

3. 문장 나누기

　뼈대문법에서는 문장을 중심 내용과 배경 지식으로 나눈다고 여러 번 언급했다. 이번에는 문장을 둘 혹은 세 영역으로 나누어 살펴보도록 하자. 두 영역으로 나눌 때는 수식어를 포함한 주어 영역과 보어, 목적어, 수식어를 포함한 동사 영역으로 하며 세 영역으로 나눌 때는 주어 영역과 동사 영역(보어, 목적어 포함), 수식어 영역을 별도로 둔다.

　문장을 두 영역으로 나누는 것과 세 영역으로 나누는 것은 각각 다른 문장 분석 방법이 아니다. 단지 수식어를 주요소와 함께 보느냐 아니면 수식어를 따로 구별하느냐의 차이일 뿐이다. 따라서 문장을 세 영역으로 보는 훈련을 하고 그 후에 숙달되면 자연히 두 영역으로 볼 수 있는 안목이 생기게 된다.

문장을 두 영역으로 나눌 수 있는 근거는 문장이 주부와 서술부로 나누어져 있기 때문이다. 또 문장을 세 영역으로 나눌 수 있는 근거는 주부와 서술부에는 모두 주요소와 수식어가 있기 때문이다. 대입 수능을 위한 수준까지는 세 영역 독해법을 권한다.

아래 예문을 보면서 2영역 독해법과 3영역 독해법의 차이를 확인하자.

The boy   /   lives (in Seoul).
[주부]   /   [술부]   [2 영역]

[주부]   /   [술부]   (수식어)   [3 영역]

Reading English   /   is interesting (for me).
[주부]   /   [술부]   [2 영역]

[주부]   /   [술부]   (수식어)   [3 영역]

To read good books   /   is important (for everyone).
[주부]   /   [술부]   [2 영역]

[주부]   /   [술부]   (수식어)   [3 영역]

I　　　　　/　　　　brush my teeth　(after I eat supper).

[주부]　　　/　　　　[술부]　　　　　　　　　　　　　　　　　　　[2 영역]

[주부]　　　/　　　　[술부]　　　　　　　(수식어)　　　　　　　　[3 영역]

그리고 주어 영역과 동사 영역의 명사 가족(보어, 목적어)에는 각각 앞뒤에서 형용사(가족) 수식어가 붙을 수 있다는 것을 항상 염두에 두어야 한다. 일반적으로 한 단어 형용사는 앞에서, 긴 형용사는 뒤에서 수식한다고 생각하면 된다.

(Some)　　　　　papers　　　(to be reported to the teacher)

한 단어 형용사　　주부(명사)　　긴 형용사 수식어

/ were left　/　(on the desk).

술부　　　　　수식어

McDonald's　　restaurants　　(in my town)

소유격 : 형용사 역할　주부(명사)　　전명구 수식어 : 긴 형용사 수식어

/ close　/　(at midnight).

술부　　수식어

The man	(who is working)	(in the garden) /	is my father.
주부(명사)	긴 형용사 수식어 : 관계 대명사	긴 형용사 수식어	술부

That	/	was the lady	/	(whom I wanted to see).
주부		술부		긴 형용사 수식어 : 관계대명사

This	/	was the city	/	(where we lived).
주부		술부		긴 형용사 수식어 : 관계부사

문장에서 주어, 목적어, 보어 같은 주요소에 쓰임으로써 형용사(가족)의 수식을 받는 명사(가족), 보어와 목적어를 거느리며 준동사와 보조 조동사 역할까지 하는 동사, 문장 내에서 긴 문장일수록 많이 사용되는 전명구 수식어, 형용사 수식어, 부사 수식어 그리고 명사절, 형용사절, 부사절과 그 절들을 만드는 종속접속사의 중요성은 아무리 강조해도 모자람이 없다.

지금까지 쉽고 정확하게 영어 문장을 해석하는 뼈대문법에 대해 알아보았다. 처음 영어를 배우는 사람들은 물론이고 어느 정도 영어가 익숙한 사람에게도 뼈대문법은 문장을 이해하고 분석하는 데 큰 도움이 될 것이다.

만약 자신의 영어 실력이 오뚝이 공부방 1, 2단계 수준 이상이라고 생각한다면 지금부터는 정독과 다독을 통한 공부에 나설 시기다. 특히 오디오북을 통한 다독을 강력히 추천한다. 듣기, 말하기, 읽기, 쓰기를 한꺼번에 학습할 수 있는 좋은 수단이기 때문이다. 요즘에는 인터넷이나 유튜브 등을 통해 다양한 자료를 찾을 수 있지만 검증되지 않은 내용들도 있으니 주의해야 한다.

의성어식 발성을 반복하여 익히면 영어 소리를 알아듣게 되듯이 문자 영어에서도 뼈대문법을 통하여 핵심 원리를 반복하여 연습하면 긴 문장 독해도 자연스럽게 해결된다.

지난 겨울 방학을 이용하여 3단계 과정을 공부 중인 아이들은 권위 있는 뉴베리상Newbery Honor 수상작인 《샬롯의 거미줄Charlotte's Web》을 교재로 선택해 첫 페이지부터 필사하면서 주요소와 수식어를 가려내는 방식으로 공부했다. 중학교 2학년인 건영이를 제외하고는 다 1학년들이지만, 해볼만 하다고 여겼다.

역시나 내 기대는 빗나가지 않았다. 도윤이 같은 경우는 책 한 권을 모두 필사하는 기염을 토했다. 중학교 1학년 학생이 뉴베리상 수상작을 뼈대문법을 통하여 통독했다는 사실만으로도 기특한데 필사했다는 사실이 나에게는 보람과 함께 무거운 책임감을 느끼게 했다. 도윤이에게는 또 한 권의 영어 원서를 선물로 주면서 필사한 두 권의 두꺼운 노트를 고이 간직하라고 격려했

다. 앞으로 내 곁을 떠나 고등학교, 대학을 가더라도 그 노트들
이 도윤이의 좋은 등대가 되어주리라 확신한다.

5장

365일 영어 쉽게 즐기기

● 단어 도사가
' 영어 도사

'단어 숙어 외우지 않는 녀석들은 차라리 영어 포기해라.' 학창 시절 선생님들께서 입버릇처럼 하시던 말씀이다. 실제로 영어 시험에서 높은 성적을 받는 학생들의 가장 뚜렷한 특징은 단어(어휘)를 많이 알고 있고 성적이 형편없는 학생들의 공통된 특징은 그렇지 않다는 것이다.

우리 오뚝이 영어 공부방에서는 기초 영단어 800여 개를 암기하고 난 후라야 정식으로 공부방 1단계 식구가 된다. 그리고 중학 단어 영어 1,800여 개를 마치면 2단계 학생이 되고 수능 영단어 1,500여 개까지 암기하면 자랑스러운 3단계 학생이 된다. 3단계부터는 기초 단어부터 다시 교육학적으로 입증된 효과적인 학습 방법을 따라 어휘의 개념을 확실하게 익히는 복습 훈련을 하게 된다.

다시 말하면 일단 기초, 기본, 빈출 어휘들을 암기하고 그 후에 단어의 개념과 쓰임새에 대해 학술적인 이론을 적용해 효율적으로 되새김질시키는 방법이다.

오뚝이 영어 공부방이 갖는 특별한 장점이 몇 가지 있다. 문법번역식 교수법Grammar Translation Method으로 아이들을 지도할 수 있다는 것도 그중의 하나다. 한마디로 스파르타식 교육이 가능하다는 것이다.

1기생들부터 어휘에 관한 한 '무조건 암기'가 철칙이었다. 따르기 힘든 그 전통이 사실은 학생들이 어휘의 힘든 고개를 잘 넘어가도록 도와주고 있다. 어휘를 암기하기 싫거나 암기하지 않으려면 오뚝이 영어 공부방에 올 수 없다는 것이 불문율.

오뚝이 영어 공부방에서 3단계 이상의 학생은 누구나 아는 쉬운 단어 800여 개와 수능 시험이나 토익 시험 정도에서 공통적으로 나올 수 있는 3,000여 개의 빈출 단어를 확실하게 자기 것으로 만들도록 돕는 것이 나의 목표다. 그만하면 대학이든 유학이든 어디에 가서든 '홀로서기'가 가능하다고 믿기 때문이다.

4,000여 개의 단어의 뜻과 쓰임새를 정확하게 알고 난 후에는 접두어, 접미어 그리고 어근 학습을 통해 어휘의 양을 무궁무진하게 늘릴 수 있다.

1. 단순 암기식 학습법 Traditional Method, Classical Method

반복에 의존해서 어휘와 문법 규칙을 무조건 암기하는 방법으로 유럽과 북미지역에서 라틴어, 그리스어를 가르치는 데 이용되었다. 창의력을 높이는 교육에는 적합하지 않다고 하나 외국어 교육에는 필수적인 방법이라고 할 수 있다. 외국어를 가르치기 위해 세계 어느 나라에서나 사용되는 학습법이기도 하다.

수십 번씩 입으로 되뇌며 공책에 수십 번 적어가면서 외웠던 경험이 있다면 그 방법이 바로 단순 암기식 학습법이다.

2. 문장 혹은 문맥 단서 context clue 를 이용한 단어 학습법

어휘는 모국어처럼 실생활 속에서 혹은 책을 통하여 문맥 내에서 의미를 파악하면서 익히는 것이 가장 이상적인 방법이다. 그러나 외국어인 경우에 다독을 통하여 어휘력을 늘린다는 것은 결코 만만찮다. 오랜 시간과 노력이 필요하기 때문이다. 그래서 문장 중심의 혹은 문맥 단서를 이용한 단어 학습법이 아주 중요하다. 생활 속에서 어휘의 의미와 쓰임새를 확실하게 습득하게 되는 모국어와 최대한 근접한 방법으로 단어의 뜻과 활용을 익힐 수 있는 좋은 학습 방법이기 때문이다. 다음은 같은 단어가 문장 내에서 다른 뜻으로 쓰이는 경우다. 이처럼 문맥을 통해 어휘를 익히면 다양한 의미를 한꺼번에 배울 수 있다.

① 우리가 처음 만났던 날이 무슨 요일이었는지 recall 할 수가 없구나.

(기억해내다)

양국의 각자 자기의 대사들을 recall 했다. (소환, 회수하다)

② 그는 말을 urge 하며 앞으로 몰았다. (재촉하다)

그의 어머니는 그에게 하루만 더 머무르라고 urge 했다.

(설득하다)

3. 파생어를 통한 학습 방법

기초 어휘에 접두어와 접미어를 붙이면 파생어가 만들어진다. 파생어를 체계적으로 학습하면 어휘를 빠르게 늘릴 수 있다. 고급 어휘를 익히기에 가장 합리적이고 과학적인 방법이 어근 학습이기 때문이다.

1) 접두사 활용의 예

① re-(다시) : reinforce(보강하다), renew(갱신하다, 재개하다), recover(회복하다, 되찾다), remind(상기하다), recycle(재활용하다)

② bi-(둘, 두 번) : bicycle(자전거), biped(두 발 짐승), bilingual(2개 국어를 말하는), biennial(2년마다의, 2년생 식물), biweekly(격주의, 격주로)

③ trans(횡단) : transform(변형시키다, 변환하다), transfer(갈아타다, 옮기다), transfuse(수혈하다, 옮겨 붓다), transit(가로질러 가다), ransplant(옮겨 심다, 이식하다)

2) 접미사 활용의 예

① ard(사람) : drunkard(술고래), wizard(마법사), coward(겁쟁이), sluggard(게으름뱅이)

② arium(장소) : terrarium(식물, 동물들 기르는 유리용기), aquarium(수족관), solarium(일광욕실)

3) 어근 활용의 예

① pass(지나가다) : passage(통로), passenger(승객), surpass(능가하다), passport(여권), pastime(취미, 심심풀이)

② man(u)(손) : manual(손으로 하는, 육체 노동의), manufacture(제조하다, 생산하다), manuscript(원고, 필사본), manipulate(조종하다, 조작하다), maneuver(책략, 술책)

4. 주제별Thematic 어휘 학습법

주제별 어휘 학습은 마치 놀이를 하듯 학습자들이 재미있게 학습할 수 있는 방법이다. 시각 자료까지 첨부되면 더할 나위 없다. 큰 주제와 그에 따른 작은 주제들로 세분하여 학습하면 더욱 효과적이다.

① body(몸)

head(머리), eye(눈), ear(귀), nose(코), mouth(입), eyebrow(눈썹), pupil(눈동자), lips(입술), chin(턱), tongue(혀), cheek(뺨), hair(머리카락)

② emotions(감정)

glad(기쁨), happy(행복한), sad(슬픈), upset(속상한), angry(화난), hot(치열한), cold(냉정한), cool(침착한), warm(따뜻한), hungry(배고픈), full(배부른), surprised(놀란), ashamed(부끄러운), tired(피곤한), thirsty(목마른), sleepy(졸린)

5. 상황별Situational 어휘 학습법

실생활 속에서 경험하는 여러 가지 상황들을 선정하여 그 안에서 흔히 사용되는 어휘들을 따로 분류하여 익히는 상황별 학습법도 주제별 어휘 학습 못지 않게 흥미로운 방법이다.

① 치과에서

dental appointment(치과 예약), rotten teeth(썩은 치아), get a cavity(충치가 생기다), get a decayed tooth(충치가 생기다), have a decayed tooth out(충치 생긴 이빨을 뽑다), molar(어금니)

② 영화관에서

next week's preview(다음 주 예고편), scene(장면), excellent performance(뛰어난 연기), farewell performance(고별 공연), the latest release(최근 개봉작), releasement(개봉), theatergoer(극장에 자주 가는 사람)

게임으로 영어와 친구 되기

1946년 영국에서 시작된 멘사는 IQ가 상위 2% 안에 드는 머리 좋은 사람들을 위한 두뇌집단이었다. 요즈음은 퍼즐 게임을 만들고 푸는 일로 더 유명한 대중적인 단체가 되어 110개국이 넘는 나라에서 10만 명 이상의 회원들이 멘사가 만든 게임을 즐긴다. 퍼즐 외에도 거꾸로 비춰진 글자 바로잡기, 숨은 단어 찾기, 단어 순서 찾기, 철자를 맞게 배열하기, 주어진 낱말들의 특징 찾기 등 많은 종류의 퀴즈들이 있다.

어휘 학습에 대한 학술적인 이론을 바탕으로, 학습자들에게 유익한 멘사의 게임을 우리 오뚝이 공부방에도 도입하고 있다.

암호 풀기 같은 흥미를 일으키는 게임과 머리를 써서 보물 찾기를 하는 단어 학습 게임 몇 가지를 소개한다.(정답은 276쪽에)

Q 가족에 관련된 단어입니다. 빈칸을 채우세요.

f a m i l y (가족)

f a th e r(아빠)　　　　　　grand f__th__r(할아버지)

m__th__r(엄마)　　　　　　grand m__th__r(할머니)

br__th__r(형, 오빠, 남동생)

s__st__r(누나, 여동생, 언니)

Q 요일에 관련된 단어입니다. 빈칸을 채우세요.

S__nd__y　　　　　　Th__rsd__y

M__nd__y　　　　　　Fr__d__y

T____sd__y　　　　　S__t__rd__y

W__dn__sd__y

Q 동물들 이름을 섞어놓았습니다. 바로 고쳐 쓰세요.

1. elphenat(코끼리) → _____

2. act(고양이) → _____

3. bdir(새) → _____

Q 꽃 이름을 섞어놓았습니다. 바로 고쳐 쓰세요.

1. rseo(장미) → _____

2. lyli(백합) → _____

3. tpuil(튤립) → _____

Q 날씨를 나타내는 말입니다. 바로 고쳐 쓰세요.

1. rina(비) → _____

2. coldu(구름) → _____

3. dwin(바람) → _____

Q 몸의 각 부분입니다. 바로 고쳐 쓰세요.

1. ram(팔) → _____

2. gel(다리) → _____

3. era(귀) → _____

Q 단어의 뜻을 찾아 줄로 이으세요.

accomplish •   • 설명하다

account •   • 문지르다

behave •   • 변경하다

inform •   • 알리다

rub •   • 성취하다

vary •   • 행동하다

Q 맞는 단어에 동그라미하세요.

배신하다	
betray	betrey

괴롭히다	
bother	botter

승인하다	
approve	appruve

보장하다	
assure	ashure

확신하다	
convince	convinse

세다	
count	caunt

Q 아래 글을 읽고 문제에 답하세요.

Seven o'clock, Monday morning. My husband, Derek, and I were in the kitchen with our four kids, grabbing breakfast before we left for work and school. With no warning whatsoever, our back door flew open. No phone call or texts to see if we were up. No knock. Nothing. Slippered feet padded across the floor.

1. 위의 글에서 찾으세요.

① 동사 : _____

_____

② 명사 :

③ 동명사 :

④ 전치사 :

2. 다음 빈칸을 채우세요.

동사	명사	형용사	부사	동의어	반의어
grab (grabbed)	grab (움켜잡음, 저장화면)	현재분사 grabbing 과거분사 grabbed	×	catch snatch seize	① _____
leave (left)	leave (휴가/허가)	현재분사 ② _____ 과거분사 left	×	depart from withdraw from	arrive
warn	③ _____	현재분사 warning 과거분사 warned	×	④ _____ _____	neglect disregard

Q 아래 예문의 밑줄 친 단어의 뜻을 적으세요.

He wanted to change his <u>austere</u> little apartment for a house <u>replete</u> with <u>luxurious</u> goods that would impress everyone he knew. One weekend he went out to the suburbs and did some house hunting. Because he did not know what he wanted, the real estate agent took him on an <u>indiscriminate</u> tour of the community.

① austere :

② replete :

③ luxurlous :

④ indiscriminate :

Q 다음 접두어의 뜻을 적으세요.

fore		under	
mis		up	
out		with	
over		ab	
un		ad	

Q 다음 어근의 뜻을 적으세요.

man		ped	
pend, pens		derm	
pon, pos		aster, astr, astro	
aut, auto		sol, soli	
mania		vid, vis	

● 하루에
❜ 한 문장씩

　　　　　　여느 언어와 마찬가지로 영어도 듣기, 말하기, 읽기, 쓰기의 네 가지 언어 활동4skills이 있다. 그중에서 듣기와 말하기는 소리 언어고 읽기와 쓰기는 문자 언어다. 또 듣기와 읽기는 입력input에 해당하고 말하기와 쓰기는 출력output에 해당하는 언어 활동이다. 따라서 말하기가 잘 안 된다면 듣기가 부족할 가능성이 높고, 영어로 글을 쓰는 데 어려움을 겪는다면 읽기 능력을 기르면 도움을 얻을 수 있다.

　오랜 기간 문자 영어를 배운 영어 학습자들은 최대한 빨리 소리 영어를 알아듣는 방법을 익혀야 한다.

　다행스럽게도 영어 어휘와 문법을 많이 알고 영어 문장에 익숙한 학습자일수록 그렇지 않은 학습자에 비해 소리 영어를 빨리 익힐 수 있다는 사실이 실험 결과 밝혀졌다. 그뿐 아니다. 매일 소리 영어를 익히는 과정 속에서 쉬운 단어, 아는 표현부터 들리기 시작하기 때문에 어휘와 문법을 많이 알고 있을수록 귀가 열리는 희열을 더 크게 느낄 수 있다.

현실적으로는 학부형들이나 영어 학습자들은 물론 영어를 가르치는 이들 중에서도 영어로 말하는 것을output 듣는 것보다input 먼저 배워야 한다고 여기는 사람들이 의외로 많다. 영어를 유창하게 말하는 것이 듣는 것보다 더 중요하다고 이야기하는 사람들도 많다. 그러나 절대 아니다. 영어로 말을 잘하는 것도 물론 중요하지만 먼저 들을 수 있어야 한다. 말을 유창하게 한다고 해도 영어를 자연히 알아듣게 되는 것이 아니기 때문이다. 상대방이 무슨 말을 하는지 정확하게 알아듣지도 못한 상태에서 엉뚱한 답을 하게 된다면 곤란한 상황에 처하게 될 수도 있다. 또 이런 경험들이 영어 공부에 대한 의지를 꺾게 만든다. 그러나 영어를 잘 알아듣게 되면 말하기는 저절로 발전해간다. 어린아이들이 말귀를 알아들은 다음에 말문이 부쩍 느는 것처럼 말이다.

옛 어른들은 "공부는 궁둥이로 하는 것이다"라고 재미있게 표현하셨다. 오랜 시간을 투자하는 것이 성공의 비결이라는 뜻이다. 의성어식 발성법도 마찬가지다. 간단하고 쉬운 방법이지만 하루이틀 만에 몸에 배지 않는다. 1년에서 2년 정도를 목표로 삼고 꾸준한 노력을 해야 한다. 문자 영어는 더할 나위 없다. 건물을 지을 때도 12층부터 짓지 않는다. 반드시 간단하고 쉬운 문장으로 기초를 다지는 것이 중요하다. 그래야 나중에 길고 난해한 문장을 해득할 내공이 생기기 때문이다.

오뚝이 영어 공부방에서는 처음부터 소리 영어와 문자 영어를 함께 익히도록 지도하고 있다. 쉬운 교재를 골라 단순한 문장을 몸에 배도록 반복하고 또 반복한다. 어느 문장을 대하든지 의문문, 부정문, 12시제 문장 정도는 생각할 틈도 없이 바로 변형이 가능하도록 훈련한다.

우리 공부방에서 교재로 쓰고 있는 《영어동화 100편》은 스토리가 아주 짧고 쉬울 뿐 아니라 간단한 문장으로 구성되어 있는 동화 모음책이다. 동화 스토리 하나가 열 문장을 채 벗어나지 않고 500개 정도의 어휘만 알고 있어도 누구나 읽고 즐길 수 있다. 간단하고 쉬운 스토리이지만 교육이론과 방법을 적용한 다양한 활용으로 좋은 교재가 되고 있다. 주제별로 100개의 동화가 총 세 권에 들어 있어 우리는 이를 '300 동화책'이라고 부른다.

300 동화는 우리 아이들이 한두 번은 들어 봤음직한 흔한 이야기들로 구성되어 있어 부담 없이 친숙하게 접근할 수 있다. 뿐만 아니다. 원어민이 녹음한 원음 파일이 들어 있어 속도를 높이며 따라 읽는 속도 훈련과 섀도잉 연습이 가능하다.

tvN의 〈리틀빅히어로〉를 통해 오뚝이 영어 공부방의 이야기가 소개되고 난 후부터 생기기 시작한 어려운 점은 견학 오는 선생님들과 학부모님들과 학생들의 요청을 거절하기가 쉽지 않았다는 거다. TV 방송의 위력이 실감될 정도였다. 어떤 날에는 두 시간이 더 걸리는 곳에서 사전 협의도 없이 여러 명의 견학팀이 들이닥친 경우도 있었다. 조그만 공부방에서 옹기종기 모여 공부하는 아이들 외에 볼 것이 뭐가 있었겠는가. 거기다 교재는 초등학교 고학년이면 읽고 이해할 수 있는 쉬운 동화들. 먼 길을 오신 그분들이 느끼셨을 실망감과 허탈감에 마음이 편치 않았다.

하지만 영어가 익숙하게 여겨질 때까지 활용할 수 있는 최고의 교재는 특별한 게 필요하지 않다. 반복이 영어의 네 가지 스킬을 익숙하게 하는 최고의 열쇠라는 사실을 그간의 경험을 통해 깨우쳤기 때문이다. 실제로 300 동화를 오디오를 통해 듣고 암송해서 발표하고 소리 내어 읽고 숙제로 써오는 훈련이 반복되면 아이들의 영어 실력은 믿기 어려울 정도로 성장해 있다. 남들이 보기에 너무 쉽고 평이해 보이는 이 책을 내가 오뚝이 공부방의 주요 교재로 계속해서 쓰는 이유다.

또 하나의 기본 교재인 《CES》도 오뚝이 영어 공부방의 아이들에 대한 기여도가 300 동화에 못지않다. 한국인으로 귀화한 방송인 로버트 할리가 쓴 책인데 40가지의 영어 회화가 상황별로 정리되어 있어 책상에서 배우는 영어와 실생활을 연결시키는 장점이 있다. 이 교재도 역시 의성어식 발성으로 한 단어 한 단어 악센트를 넣어서 읽는 훈련을 시키고 저절로 암기될 만큼 반복한다.

물론 회화 책 한 권을 외운다고 당장 원어민과 원활한 대화가 이루어지지는 않는다. 듣지 못하는 상황에서 주고받는 대화가 불가능한 게 당연하지 않은가. 나 역시 미국에 가기 전《CES》를 달달 외워갔지만 막상 원어민의 말을 알아들을 수 없어 고충을 겪었다. 하지만 오뚝이 영어 공부방 아이들은 다르다. 의성어식 발성으로 훈련하고 있다는 이유 하나만으로 결과는 엄청나게 달라지니 말이다.《CES》가 단순히 암기해야 하는 영어 문장이 아니라 우리 아이들의 귀를 열어주는 도구, 더 나아가서는 입을 트이게 하는 도구로 활용되기 때문이다.

그렇다면 이제 단계별로 300 동화와《CES》교재를 통한 영어 학습법을 알아보자.

1. 1단계

1단계 학생들은 300 동화를 먼저 배운다. 하루에 한 문장씩 의성어식 발성으로 연습을 한 뒤 반복을 통해 문장을 암기한다. 그리고 집에 돌아가면 문장 하나를 열 번씩 써오는 숙제를 해야 한다. 보통 일주일에서 열흘 정도면 동화 한 편을 암기하게 되는데 동화 하나를 다 외우고 나면 암기한 동화를 전체적으로 열 번정도 다시 쓰게 한다. 동화 스토리 하나를 완벽히 숙지하게 되면 오디오북을 이용해 속도를 높여가며 듣기와 읽기 연습을 하고 마지막으로 친구들 앞에서 암송 발표를 하게 된다.

이 단계까지 끝나면 마지막으로 300 동화에 나오는 문장을 의문문, 부정문, 12시제 문장으로 바꾸는 훈련을 한다. 주말이나 방학에는 2, 3단계 아이들과 함께 애니메이션 영화처럼 긴 스토리를 가지고 위의 방식대로 훈련한다.

1) 300 동화의 문장 변형

There was an old lion.

① 의문문(과거시제): Was there an old lion?

② 부정문(과거시제): There was not an old lion.

③ 현재: There is an old lion.

④ 의문문(현재시제): Is there an old lion?

⑤ 부정문(현재시제): There is not an old lion.

⑥ 미래: There will be an old lion.

⑦ 의문문(미래시제): Will there be an old lion?

⑧ 부정문(미래시제): There will not be an old lion.

2. 2단계

1단계와 마찬가지로 하루에 한 문장씩 의성어식 발성을 통해 반복해서 읽고 난 뒤 문장을 암기한다. 1단계와 다른 점은 뼈대문법을 통해 문장을 완벽히 분석하고 암기한다는 점이다. 집에서 열 번씩 써오는 숙제를 해야 하는 것도 1단계와 다름이 없으나 2단계부터는 《CES》에 있는 문장이 더해진다. 《CES》에 있는 문장도 300 동화와 똑같은 방법으로 학습한다.

동화 한 편, 《CES》한 과를 끝나게 되면 의문문, 부정문 등으로 문장을 변환하는 연습을 하는데 자연스럽게 될 때까지 반복한다. 《CES》는 역할을 나누어 서로 묻고 대답하는 실전 토킹 수업도 곁들인다.

1) 300 동화의 문장 분석

The Old Lion and the Fox.

늙은 사자와 여우

① There was an old lion.

나이 많은 호랑이가 있었습니다.

② Once he was the king of the jungle.

한때 그는 정글의 왕이었죠.

③ But now he was lying sick in his den.

그러나 지금은 그의 동굴에서 몸이 아파 누워 있습니다.

④ Many animals visited him, but he ate them one by one.

많은 동물들이 그를 찾아왔죠. 하지만 사자는 그들을 한 마리씩 먹어치웠습니다.

⑤ One sunny day, a fox was passing by the den.

어느 화창한 날, 여우가 사자의 동굴 곁을 지나고 있었습니다.

⑥ The old lion told the fox to come into his den.

늙은 사자가 여우에게 자기 동굴로 들어오라고 말했죠.

⑦ But the fox said, "No."

그러나 여우는 대답했습니다. "싫어요."

⑧ "I can see tracks only going inside but none coming out."

"내가 보니 동굴 안으로 들어간 발자국은 보이는데 밖으로 나온 발자국은 없는걸요."

⑨ Then the fox hurried away.

그러면서 여우는 황급히 달아났습니다.

No.	주어 (대명사/ 명사 가족)	동사 (be동사/ do동사)	보어 (명사 가족/ 형용사 가족)	목적어 (대명사/ 명사 가족)	① 형용사 수식어 ② 부사 수식어 ③ 전명구 수식어: 형용사 수식어 역할(형) /부사 수식어 역할(부)	문장 형식
①	An lion	was (있다)			① old(lion 수식) ② there(장소부사)	1
②	he	was (이다)	the king		② once (문장 전체 수식) ③ of the jungle (형: the king 수식)	2
③	he	was + lying (진행형)	sick		③ in his den (부: 장소)	2
④-1	animals	visited		him	① many(animals 수식)	3
④-2	[but: 등] he	ate		them	② one by one (부: 동사 수식)	3
⑤	a fox	was + passing (진행형)			② One sunny day (부: 문장 전체 수식) ③ by the den (부: 장소)	1
⑥	The lion	told		the fox (간접목적어) to come (직접목적어) ;to 부정사 (명사적 용법)	① old (형: lion 수식) ③ into his den. (부: 장소)	4
⑦	[But: 등] The fox	said		"No!"		3
⑧-1	I	can see		tracks	① going(분사) (형:tracks 수식) ② only, inside (부:going 수식)	3
⑧-2	[but] (I)	(can see)		none	①coming(분사) (형: none 수식) ② out (부: coming 수식)	3
⑨	The fox	hurried			② away (부: hurried 수식)	1

2) 300 동화의 문장 변형

Many animals visited him, / but he ate them one by one.

① 의문문: Did many animals visit him?

② 부정문: Many animals did not visit him.

③ 현재: Many animals visit him.

④ 의문문(현재시제): Do many animals visit him?

⑤ 부정문(현재시제): Many animals do not visit him.

⑥ 현재(과거/미래) 진행형.

Many aninals [are / were / will be] visiting him.

⑦ 현재(과거/미래) 완료형

Many animals [have / had / will have] visited him.

⑧ 현재(과거/미래) 완료 진행형

Many animals [have / had / will have] been visiting him.

3. 3단계 학습

3단계 아이들은 영어로 된 소설이나 〈겨울왕국〉 같은 유명 애니메이션 영화를 보면서 그 안에 등장하는 문장을 따라 읽고 쓰면서 훈련한다. 그중 잘 들리지 않고 발음하기 어려운 문장을 골라 오늘의 문장으로 선정해주면 의성어식 발성을 통해 정확하게 듣고 말할 수 있을 때까지 반복한다. 3단계 아이들은 1분에 250회 움직이는 박자기 속도에 맞춰서 아주 빠른 속도로 의성어식 발성을 연습한다. 방학이 되면 뉴베리 수상작인《샬롯의 거미줄》이나《달빛 마신 소녀》등의 원서를 구입해 더욱 풍성하고 깊이 있는 영어 표현을 익힌다.

문장 변형 연습

오늘의 문장 : The old lion told the fox to come into his den.

300 동화에 나오는 오늘의 문장을 의문문, 부정문, 12시제 문장으로 바꿔봅시다.

단계	구분	문장
1단계	의문문	Did the old lion tell the fox come into his den ?
	부정문	The old lion did not tell the fox to come into his den.
	현재형	The old lion tells the fox to come into his den.
	과거형	The old lion told the fox to come into his den.
	미래형	The old lion will tell the fox to come into his den.
2단계	현재진행형	The old lion is telling the fox to come into his den.
	과거진행형	The old lion was telling the fox to come into his den.
	미래진행형	The old lion will be telling the fox to come into his den.
	현재완료형	The old lion has told the fox to come into his den.
	과거완료형	The old lion had told the fox to come into his den.
	미래완료형	The old lion will have told the fox to come into his den.
	현재완료진행형	The old lion heve been telling the fox to come into his den.
	과거완료진행형	The old lion had been telling the fox to come into his den.
	미래완료진행형	The old lion will have been telling the fox to come into his den.

오늘의 문장 : The old lion told the fox to come into his den.

오늘의 문장을 주어 you를 사용하여 변형해보세요.(정답은 278쪽에)

1단계	의문문	Did you tell the fox to come into your den ?
	부정문	You did not tell the fox come into your den.
	현재형	You tell the fox to come into your den.
	의문문	Do you tell the fox to come into your den.
	부정문	You do not tell the fox to come into your den.
	과거형	
	의문문	
	부정문	
	미래형	
	의문문	
	부정문	
2단계	현재진행형	You are telling the fox to come into your den.
	의문문	
	부정문	
	과거진행형	
	의문문	
	부정문	

미래진행형	
의문문	
부정문	
현재완료형	
의문문	
부정문	
과거완료형	
의문문	
부정문	
미래완료형	
의문문	
부정문	
현재완료진행형	
의문문	
부정문	
과거완료진행형	
의문문	
부정문	
미래완료진행형	
의문문	
부정문	

300 동화 7일 완성 학습표

	소리 영어 훈련	문자 영어 훈련
1일	• 전체 동화를 한 단어 한 단어씩 의성어식으로 발성한다. • 빠르기 80으로 반복	모르는 어휘 찾아서 암기하기
2일	• 전체 열 문장을 한 문장씩 따로 의성어식으로 발성한다. • 빠르기 80으로 반복	1주어 1동사 찾기
3일	• ①번 문장부터 한 문장씩 반복해서 의성어식으로 발성한다. • 빠르기 100부터 240까지 각 10회씩 반복 (총 240회)	주요소와 수식어 구분하기
4일	• 전체 동화를 원음 파일을 들으면서 섀도잉한다. 미디어 플레이어를 통해 원음이 녹음된 속도로 들으면서 따라 읽는다(1.0 속도) • 강세, 리듬을 원음과 똑같이 따라 한다. 이때 소리를 가능한 한 작게 내어야 원음을 정확하게 따라 할 수 있음에 유의한다.	문장의 형태 살펴보기 (평서문, 의문문. 부정문, 감 탄문, 명령문, 직접화법 등)
5일	• 첫 번째 문장부터 한 문장씩 원음을 들으면서 똑같이 섀도잉 한다. • 미디어 플레이어 빠르기 1.0 속도부터 2.0 속도까지 각 20회씩 (예: 1.0속도 20회, 1.1속도 20회…1.5속도 20회) 반복	1, 2, 3인칭 변화와 단수, 복수를 통한 문장 변환, 12시제를 이용한 문장 변환 연습
6일	• 영어식 발성법과 섀도잉을 통해 학습한 문장을 다른 학습자들 혹은 거울 앞에서 발표해본다. • 발표할 때 녹음을 한 후 들어보고 원음 파일과의 강세와 리듬 을 비교한다.	1일 1회: 동화 전체 쓰기 1일 50회: 오늘 배운 문 장 쓰기
7일	• 전체 동화를 원음 파일을 들으면서 섀도잉한다. • 미디어 플레이어를 통해 원음이 녹음된 속도로 들으면서 따라 읽는다. 1.0 속도부터 2.0속도까지 20회 정도 반복하며 복습한다. • 1~6일까지는 교재를 보아도 무방하나, 7일째는 교재를 보지 않는다.	전체 동화: 외워 쓰기

《CES》 학습 과정표

듣기	1단계	의성어식 발성으로 자연히 외워질 때까지 반복. 1일 1문장 반복
	2단계	1배속, 1.5배속, 2배속으로 섀도잉
읽기	1단계	듣기 훈련이 끝나면 교재를 보며 원음 파일과 똑같이 섀도잉 1배속으로 하되, 정확한 악센트 발성인지 점검
	2단계	1.5배속, 2배속으로 속도별 연습
말하기	1단계	전체 문장 암기
	2단계	한글로 된 대본을 보면서 영어로 대화 하루가 지나면 서로 역할을 바꿈
쓰기	1단계	1일 3문장 10회 필사하기
	2단계	암기한 문장을 뼈대문법으로 분석
	3단계	한글로 된 대본으로 통으로 영어 문장 쓰기 2배속 원음 파일로 받아쓰기 연습

● 쓰는 게
● 힘이다

　　　　　　내가 스승의 가르침으로 여기는 몇 개의 고사성어가 있다. 그중 하나가 둔필승총鈍筆勝聰이다. "서툰 글씨라도 기록하는 것이 기억보다 낫다"는 말이다. 다산 정약용 선생님은 제자 학습법으로 초서鈔書 공부를 강조했는데 초서란 책을 베껴 쓰는 것을 말한다. 황상이란 분은 다산을 만난 15세 때 이후로 60년 동안 날마다 정성이 담긴 글씨로 초서 작업을 계속했다고 한다.

　우리 공부방에 와서 공부하기를 바라는 학생과 그들의 부모님들께 제일 먼저 강조하는 사실은 의성어식 발성 훈련을 반드시 부모님도 함께 해달라는 것과, 쓰는 과제(필사)를 많이 낸다는 것이다. 그래서 우리 공부방 아이들은 매일 상당량의 영어 문장 쓰는 일을 당연하게 여긴다. 여기서 쓰기는 글쓰기writing, composition를 의미하는 것이 아니고 베껴 쓰기copying 즉 필사를 말한다.

내가 베껴 쓰기 숙제를 강조하는 이유는 간단하다. 쓰기는 영어를 익히는 데 도움이 되는 것은 물론이고 논리적 사고와 더 나아가 창의력을 발전시키는 데 그 무엇과도 비할 수 없는 좋은 습관이기 때문이다.

따라서 오뚝이 공부방 아이들은 쓰기에 많은 공을 들이고 있다. 베껴 쓰기인 필사에서 시작해 재생Reproduction, 재구성Recombination, 유도작문Guided Writing, 작문Composition 등 쓰기의 범위를 점차 넓힌다. 하지만 이 모든 쓰기 과정의 시작이 필사 즉, 베껴 쓰기다. 내가 워낙 엄격하게 베껴 쓰기를 강조하다보니 아이들 역시 처음에는 지루해한다. 어느 날 숙제 검사를 하다보면 이게 손으로 쓴 건지 발로 그린 건지 헷갈릴 정도다. 그럴 때마다 아이들을 독려하는 게 내 주된 역할이다. 똑같은 내용을 따라 쓰는 게 무슨 유익함이 있겠나 싶겠지만 너희도 모르는 사이 부호와 구두점에 대해 정확히 알게 되고 철자 또한 자연스럽게 외워지니 일석이조 아니겠냐고 다독인다. 우여곡절 끝에 노트 한 권을 다 쓰고 나면 아이들은 그제야 깨닫는다. 이 필사한 노트 한 권이 자신들의 영어 공부 인생에 얼마나 큰 자산이 될 것인지 말이다.

다음은 내가 미국과 캐나다에서 생활할 때, 그리고 오뚝이 공부방 아이들을 가르칠 때 자주 떠올리는 말들이다. 내 인생에서 갈림길이 나타날 때, 무엇을 선택해야 할지 모를 때, 어떤 가치를 좇아야 할지 망설일 때, 내가 나의 신념대로 생각하고 행동하게 해주었다. 여러분 역시 이 말들을 따라 쓰면서 영어 공부에 대한 의지를, 그리고 인생 전반에 대한 열정을 다시 한번 일깨웠으면 하는 바람이다.

Where there is a will there is a way.
뜻이 있는 곳에 길이 있다.

Try hard, Try hard!
노력하고, 또 노력하라!

Ability is decided by one's own effort.

능력은 스스로의 노력에 의해 결정된다.

Faithfulness makes all things possible.

성실함은 모든 것을 가능케 한다.

The life is only once.

인생은 오직 한 번뿐이다.

Think different!
다르게 생각해보라!

Try your best rather than be the best.
최고가 되기보다는, 최선을 다하자.

I determine my future all by myself.
내 미래는 전적으로 내가 만든다.

I must do what I want to do.

나는 한다면 하는 놈이야.

Time is life itself.

시간은 삶 그 자체다.

The real effort never betrays me.

진정한 노력은 결코 나를 배신하지 않는다.

Effort is the best way to realizing your dreams.

노력은 꿈을 실현하는 최고의 방법이다.

As ones sows so shall he reap.

뿌린 만큼 거둔다.

Impossible, it is a excuse, who does not endeavor.

불가능이란 노력하지 않는 자의 변명이다.

You can't have what you don't want.
네가 원하지 않은 것은 가질 수 없다.

Every path has its puddle.
모든 길에는 웅덩이가 있는 법.

I'm a slow walker, but I never walk back.
나는 느리게 가는 사람입니다. 하지만 뒤로 가지는 않습니다.

Today is the first day of the rest of your life.

오늘은 당신에게 남은 인생의 첫 번째 날이다.

One is never too old to learn.

배움에는 나이가 없다.

Never, never, never, give up.

절대로, 절대로 포기하지 마라.

If at first you didn't succeed, try, try again.
만일 첫 번째에 성공하지 못한다면, 다시 또다시 시도하라!

Shout out "Once more!"
큰 소리로 외쳐라. "한 번 더"를!

Big goals get big results.
큰 목표가 큰 결과를 가져온다.

감사의 말

"하나님은 한쪽 문을 닫으시면 다른 쪽 문을 열어 놓으신다
When the Lord closes a door, somewhere He opens a window." 세월이 흘러도 여전히
관객들의 사랑을 받는 명화 〈사운드 오브 뮤직〉 대사 중에서 내
가 좋아하는 구절입니다. 캐나다 이민 생활을 접고 돌아온 지도
햇수로 어언 13년이 되었습니다. 캐나다에서 계획했던 일들은
문이 닫혔지만 대신 아이들과 함께 공부하며 지내는 문이 열렸
습니다.

귀국해서 10년이 더 지나도록 어머님 곁에서 보낸 시간은 축
복이었습니다. 부림면의 우리 아이들과 함께 보낸 시간도 참으
로 정겹고 즐거웠습니다. 약학과 한의학에 이어 영어교육학의
대륙을 탐험할 수 있어 행복한 시간이었습니다. 멘토 정승영 명
예교수님, 셰익스피어의 맛을 알게 해주신 조미원 교수님, 끊임

없는 탐구를 실현하시는 우충환 교수님, 질적 논문의 눈을 뜨게
해주신 박은수 교수님, 고창규 교수님과의 만남은 환갑을 앞둔
늙은 학생에게 분에 넘치는 선물이었습니다. 강정구, 신화식, 김
춘근, 정다원, 도성학, 전인재, 김지연, 이진화 박사 과정 동료, 후
배님들과의 만남도 소중한 기억입니다. 여러분들로부터 많은 것
을 배울 수 있었습니다.

가끔 미국에서의 생활을 회상하게 되면 잊을 수 없는 얼굴들
이 있습니다. 이종곤 목사님 그리고 조성인 약사님입니다. 이재
훈 원장과 홍 차장(지금은 홍 사장입니다)도 그렇습니다. 캐나다 생활
을 돌이켜보아도 그리운 얼굴들이 있습니다. Jing Xia, 선경, 김복
기 목사님 식구들 그리고 캐나다에서 사귀었던 친구들입니다.

오뚝이 공부방의 아름다운 이야기는 저 혼자서 쓴 것이 아닙
니다. 황규선 목사님 내외분과 홍대구 선생님, 이정희 님, 홍정
숙 님 그리고 오랜 세월동안 학습 자료를 정리해주신 오정수 선
생님과 휴일 보강 담당 홍현욱 선생님. 이분들이 아이들을 함께
보듬고 사랑의 땀을 흘려주셨기에 가능했습니다. 방황의 조건을
충분히 갖춘 사춘기의 우리 아이들을 위해 버팀목 역할과 울타
리 역할을 잘들 감당해주셨습니다. 무엇보다 10년이 넘게 그리
고 지금도 변함없이 묵묵히 돕고 챙기는 아내의 내조와 손길이
없었다면 애초부터 가능한 일이 아니었습니다.

세월이 참 빠릅니다. 어머님도 103세를 일기로 천국으로 가시고 오뚝이 공부방 1기생들은 대부분이 제대를 앞두고 있고 2기생들도 세 명을 제외하곤 모두 중학생이 되었습니다. 저도 벌써 60대 중반에 접어들었습니다. 요즘은 종종 캐나다로 되돌아가는 꿈을 꿉니다. 서스캐처원의 넓은 대평원과 온 하늘을 붉게 물들이던 일몰이 그립습니다.

Happy together!

부족한 경험이지만 책을 통해 함께 나눌 수 있어 행복합니다. 내가 경험한 내용을 아이들에게 나눠주고, 아이들은 그것으로 열매를 맺고 아이들과 함께 그 성취를 기뻐하던 시간들은 언제 떠올려도 즐거운 추억입니다. 그중에 가장 큰 보람은 아이들이 영어 소리를 조금씩 들어가는 일이었습니다. 아직은 어린 나무 같지만 언젠가는 들리는 영어를 바탕으로 세계를 품는 큰 나무들로 자라날 줄 믿습니다. 작은 오뚝이들 외에도 듣기에 갈급한 어느 누군가에게 도움이 될 수 있다면 참으로 좋겠습니다.

홍모, 홍식, 선우, 선민, 재민, 희정, 채영, 은희, 준걸, 민아, 수혜, 민섭, 영란·수빈·수민 세 자매, 가빈, 수현 그리고 건영·호영 형제, 유빈·원빈 남매, 도윤, 재황, 지호·지민 형제, 상혁, 지훈, 진희, 박하솔비, 은경, 지원·세윤 남매, 우진, 민규, 예영 그리고 원지, 하늘·한별 자매, 지은, 재원, 가빈·한성 남매, 선호. 작은 오뚝이들 모두의 앞날에 신의 가호가 함께하길 빕니다.

오뚝이 영어 공부방이 시작되기 이전에 약국에 와서 영어 공부하던 멤버들, 이제는 어엿한 고등학교 교사로 근무하는 영준이와 초등학교 교사로 근무하다 지금은 군 복무 중인 광현이를 비롯해서 남훈, 선택·예선 오누이, 누리, 강수빈, 수현·혁민 남매, 두원·윤정 남매 모두의 앞날에 축복이 있기를 기원합니다.

마지막으로 이 책을 쓸 수 있도록 기회를 주신 오영진 주간님, 김진갑 대표님께 감사를 드리고 싶습니다. 처음부터 저와 호흡을 맞추며 9개월간 함께 즐겁게 고생하신 임나리 팀장님께는 큰 은혜를 입었습니다. 일일이 언급하지 못한 분들께도 양해를 구하며 다시 한 번 감사를 전합니다.

김형국 약사님은 내가 가르친 대학원생들 중 최고령자입니다. 머리가 희끗한 중년의 나이에도 항상 강의실 맨 앞에 앉아 공부에 열중하던 모습이 아직도 생생합니다. 《나는 영어를 가르치는 시골 약사입니다》는 청소년 영어 교육을 향한 김형국 약사님의 열정과 애착이 고스란히 담긴 책입니다. 나이가 들어도 결코 식지 않는 그의 열정에 존경을 보내며 이 책이 많은 이들의 영어 학습에 큰 도움이 되길 바랍니다. **정승영**(전前 경남대 교육대학원장)

9년 전 김형국 약사님께서 제게 건넨 "너, 나랑 영어 공부할래?"라는 말 한마디는 제 인생을 바꾸어놓았습니다. KBS TV 프로그램 〈스카우트〉에서 우승을 차지한 것도 수업 시간마다 '넌 네가 원하는 건 무엇이든 될 수 있어'라고 말씀해주신 사부님의 격려 덕이었습니다. 이 책이 영어 공부뿐 아니라 여러분의 인생을 변화시키는 기회가 되길 바랍니다. **김홍식**(오뚝이 공부방 1기 졸업생)

"오뚝이처럼 다시." "될 때까지 반복." "자투리 시간 이용." "영어는 소리 반 단어 반." 하도 들어서 사부님 생각만 해도 절로 떠오르는 것들….

전건영(신반중 3학년)

처음 의성어식 발성을 배울 때는 '정말 영어 실력이 늘까?'라는 의심밖에 들지 않았습니다. 하지만 한 달 두 달 지날수록 점점 영어가 선명하게 들려왔습니다. 자신감이 생기고 영어도 재미있어졌죠. 분명 나는 의성어식으로 발성만 했을 뿐인데 영어가 이렇게 잘 들리다니 정말 신기했습니다. 이 책을 읽는 여러분들도 분명히 저와 같은 경험을 하실 수 있을 겁니다.

최유빈(신반중 2학년)

한 단어에 한 박자 악센트 넣기. 입 앞부분으로만 소리 내지 말고 배까지 움직이는 의성어식 발성. 사부님의 말씀이 이제 귀에 못이 박힐 정도입니다. 근데 신기하게 영어가 들려요. 안 들리세요? 그렇다면 저희 의령군 부림면 신반리 오뚝이 영어 공부방으로 오세요. 우리 싸부님 짱!　　**이도윤**(신반중 2학년)

"의성어식 발성, 어휘, 반복"을 다섯 글자로 줄이면 '우리 사부님'. 작년에도 올해도 어제도 오늘도 우리 사부님 말씀은 항상 똑같지요. "의성어식 발성, 어휘, 반복!"　　**임재황**(신반중 2학년)

의성어식 발성 덕분에 영재 1차 선발에 뽑혔답니다. 의성어식 발성을 꾸준히 반복하다 보면 저처럼 초등학생이라도 원어민들과 충분히 듣고 말할 수 있어요. 저와 함께 재미있는 영어의 세계에 빠져보실래요? 이 책을 읽고 노력해보세요. 여러분도 영어 듣기에 성공하실 수 있을 거예요.　　**최원빈**(부림초 6학년)

요즘 조금씩 들리기 시작하는 것 같습니다. 사부님 말씀대로 자투리 시간을 이용하여 의성어식 발성법을 더 열심히 해야겠다고 생각합니다. 앞으로 제 영어 실력이 어떻게 변할지 기대가 됩니다.　　**전지호**(신반중 2학년)

| 부록 |

1. **Add up:** To make sense, seem reasonable

   말이 되다, 앞뒤가 맞다

   * The facts in the case just don't add up.

   그 사건의 사실들은 앞뒤가 맞지 않아.

2. **Advise against:** To recommend not doing something

   ~에 반대 의견을 제시하다, ~을 반대하다

   * I advise against walking alone in this neighborhood.

   이 동네에서 혼자 걷는 건 반대합니다.

3. **Agree with:** To have the same opinion as someone else

   ~에 동의하다

   * I agree with you. I think you should go as well.

   당신과 동의합니다. 당신도 가야 된다고 생각해요.

4. **Apply for:** To make a formal request for something

   ~에 지원하다

   * He applied for a scholarship for next semester.

   그는 다음 학기 장학금을 신청했다.

5. **Back down:** To withdraw an earlier claim

   퇴각하다, 후퇴하다, 철회하다

   * If you back down like this, you're losing the battle.

네가 이런 식으로 주저앉으면 싸움에 지는 거야.

6. **Back away:** To move backwards, in fear or dislike

    (~에서) 뒷걸음질치다, (~을) 피하다

    * When he saw the bear, he backed away in fright.

    곰을 봤을 때, 그는 놀라서 뒷걸음질쳤다.

7. **Black out:** To faint, lose consciousness

    (잠시) 의식을 잃다

    * Jenna fell in the parking lot and blacked out.

    제나는 주차장에서 넘어졌고 잠시 의식을 잃었다.

8. **Boot up:** To start a computer by loading an operating system or program

    컴퓨터를 시동하다

    * You need to boot up your computer before you begin to work.

    일을 시작하기 전에 컴퓨터를 켜야 됩니다.

9. **Break away:** To separate from a crowd

    (~에서) 달아나다

    * One of the wolves broke away from his pack.

    늑대 중 한 마리가 그의 무리에서 떨어져 나갔다.

10. **Break into:** To enter by force

    무력으로 진입하다

* Burglars broke into my car last night.

절도범들이 어젯밤 내 차에 침입했다.

11. **Break out:** To start suddenly

갑자기 시작되다, 발발하다

* Rioting broke out after the government raised the fuel prices again.

정부가 연료 가격을 다시 올린 후 폭동이 발발하였다.

12. **Break up:** To come to an end (marriage, relationship)

(결혼, 관계 등이) 끝나다

* She broke up with Daniel after dating him for five years.

그녀는 다니엘과 5년간의 연애 끝에 헤어졌다.

13. **Bring up:** To raise (a child)

(아이를) 양육하다

* Sara is bringing up her children by herself.

사라는 혼자서 그녀의 아이들을 키우고 있다.

14. **Bring down:** To cause to fall

내리다, 떨어뜨리다

* Can you bring down the price a bit for me?

가격 좀 깎아주시겠어요?

15. **Bump into:** To meet by chance or unexpectedly

(우연히) ~와 마주치다

* I bumped into Adam at the bank. He says "hello".

나는 은행에서 아담과 우연히 마주쳤다. 그는 안부인사를 건넸다.

16. **Burst into tears:** To suddenly begin to cry

눈물이 터져나오다

* He suddenly burst into tears.

그는 갑자기 울음을 터트렸다.

17. **Call back:** To return a phone call

(전화 등을) 회신하다

* Could you please call back in ten minutes?

10분 후에 회신 주실 수 있으신가요?

18. **Call off:** To cancel

중지하다, 취소하다

* The game was called off because of bad weather.

그 경기는 궂은 날씨 때문에 취소되었다.

19. **Calm down:** To become more relaxed, less angry or upset

진정하다, ~을 진정시키다

* It took Kylie several hours to calm down after she saw the accident.

카일리가 사고를 목격하고 진정하는 데에는 몇 시간이 걸렸다.

20. **Carry on:** To continue

계속하다

* The soldiers carried on walking in order to get to their post before dark.

병사들은 어두워지기 전 거점까지 가기 위해 행군을 계속했다.

21. **Carry out:** To perform or cause to be implemented

수행하다

* No matter what others say, I will carry out my father's wish.

다른 사람들이 뭐라고 하든지 나는 내 아버지의 소원에 따를 것이다.

22. **Check in:** To register at a hotel or airport

투숙(탑승) 수속을 밟다, 체크인하다

* They said I must check in at least three hours before my flight.

그들은 내가 최소 비행 출발 3시간 전까지 수속을 해야 된다고 말했다.

23. **Check out:** To pay one's bill and leave (a hotel) / To investigate

① 지불을 끝내고 호텔을 나오다

* Donna checked out of the hotel this morning.

도나는 오늘 아침에 호텔에서 나왔다.

② 사실로(받아들일 수 있는 것으로) 확인(판명)되다

* I don't know if this price is correct. I'll check it out online.

가격이 맞는지 잘 모르겠다. 인터넷으로 확인해볼게.

24. **Clear one's throat:** To make a coughing sound in order to attract attention.

헛기침을 하다

* She cleared her throat before she gave her speech.

연설을 하기 전에 그녀는 헛기침을 했다.

25. Commit suicide: To kill oneself

자살하다

* Police confirmed that he committed suicide.

경찰은 그가 자살을 했다고 확정했다.

26. Concentrate on: To focus on

~에 집중하다

* I cannot concentrate on my work in the morning.

난 아침엔 일에 집중이 잘 안 된다.

27. Count on: To rely or depend on (for help)

~을 믿다, ~을 의지하다

* You can count on me to keep your secret.

내가 네 비밀을 지킬 거라고 믿어도 된다.

28. Cut down on: To reduce in number or size

숫자나 크기를 낮추다

* I've decided to cut down on the amount of sweets I eat.

내가 먹는 과자의 양을 줄이기로 결심했다.

29. Cut out: To remove using scissors / To stop doing something

① (무엇을 잘라) ~을 만들다

* She cut out a coupon from the newspaper.
그녀는 신문에서 쿠폰을 잘라냈다.

② 그만두다(남에게 하는 행동이나 말을 그만두라고 할 때)
* Maybe I'm not cut out for this type of work.
아마도 나는 이런 일에는 맞지 않는 것 같다.

30. **Deal with**: To handle, take care of (problem, situation)
(문제, 과제 등을) 처리하다
* Catherine is not good at dealing with stress.
케서린은 스트레스를 잘 관리하지 못한다.

31. **Die down**: To calm down, become less strong
차츰 잦아들다(약해지다, 희미해지다)
* After the storm died down, we went outside to see the damage it had caused.
폭풍이 약해진 다음, 우리는 피해 상황을 보기 위해 밖으로 나갔다.

32. **Drag on**: To last longer than expected
(너무 오랫동안) 질질 끌다, 계속되다
* The suspect's trial dragged on longer than we had expected!
그 용의자의 재판은 우리가 예상했던 것보다 더 길어졌다!

33. **Draw up**: To write (contract, agreement, document)
(세심한 생각·계획이 필요한 것을) 만들다, 작성하다
* They drew up a contract and had me sign it.

그들은 계약서를 만들고 내가 서명하게 만들었다.

34. **Drop in:** To visit, usually on the way somewhere

   잠깐 들르다

   * Why don't you drop in to see us on your way home?

   집에 가는 길에 우리 보러 잠깐 들리는 게 어때?

35. **Drop off:** To deliver someone or something / To fall asleep

   ① 사람을 내리거나 물건을 배달하다

   * I'll drop off the papers later today.

   오늘 늦게 신문들을 배달할 것이다.

   ② 깜빡 잠이 들다

   * I often drop off in front of the TV.

   난 티비 앞에서 종종 깜빡 잠이 든다.

36. **Ease off:** To reduce, become less severe or slow down (pain, traffic, work)

   완화되다, ~을 완화시키다

   * Traffic usually eases off about 7 pm.

   교통 상황은 보통 오후 7시 정도에 완화된다.

37. **End in:** To finish in a certain way; result in

   ~으로 끝나다

   * Her marriage ended in divorce.

그녀의 결혼은 이혼으로 끝났다.

38. **End up:** To finally reach a state, place or action

결국 (어떤 처지에) 처하게 되다

* If you don't improve your work habits, you'll end up being fired.

당신의 근무 습관을 향상시키지 않으면, 결국 해고당할 겁니다.

39. **Feel blue:** To feel sad

기분이 울적하다

* Why are you feeling blue?

왜 기분이 우울하니?

40. **Feel for:** A better sense of; a greater knowledge or experience in (something)

동정하다

* I feel for you.

네 마음 이해한다.

41. **Figure out:** To understand, find the answer

(생각한 끝에) ~을 이해하다, 알아내다

* He's trying to figure out how to earn enough money to go on the trip to Spain.

그는 어떻게 하면 스페인으로 여행가기 위한 충분한 돈을 만들 수 있을지 알아내는 중이다.

42. **Fill out:** To complete (a form/an application)

~ (양식/서식)을 작성하다

* Please fill out the enclosed form and return it as soon as possible.

동봉된 양식을 작성하고 최대한 빨리 돌려주세요.

43. **Find out:** To discover or obtain information

~에 대해 알아내다, 알게 되다

* I'm going to to find out who's responsible for the power cut.

난 정전에 대한 책임이 누구한테 있는지 알아낼 것이다.

44. **For instance:** For example

예를 들면

* For instance, Fiona is interested in K-Pop.

에를 들면 피오나는 한국 가요에 관심이 있어.

45. **Get along (with):** To be on good terms; work well with

~와 잘 지내다

* It's important to get along with your team supervisor.

당신 부서의 감독관과 잘 지내는 것은 중요합니다.

46. **Get away:** To escape

떠나다, 도망치다

* I think we should get away for the weekend.

내 생각에 우리 주말 동안 휴가를 떠나야 될 거 같아.

47. **Get by:** To manage to cope or to survive

(~으로) 그럭저럭 살아나가다

* Students without jobs have a hard time getting by.

일자리가 없는 학생들은 힘들게 살아간다.

48. **Get in: To enter**

(안으로) 들어가다, (차 따위를) 타다

* When did you get in last night?

어젯밤에 너 언제 들어왔니?

49. **Get on: To board** (bus, train, plane)

~에 타다(버스, 기차, 비행기 등)

* I'm trying to get on the flight to London.

전 런던행 비행기에 타려고 하고 있습니다.

50. **Get out: To leave**

나오다, 떠나다

* He had a hard time getting out of New York because of the snow.

눈 때문에 그는 뉴욕에서 나오기가 힘들었다.

51. **Get over: To recover from** (illness, disappointment)

(질병·충격 등에서) 회복하다

* Has she gotten over the flu?

그녀는 독감에서 회복했니?

52. **Get rid of: To eliminate**

면하다, 제거하다, 끝내다

* Please get rid of that old t-shirt. It's so ragged.

제발 저 오래된 티셔츠 좀 없애. 다 해졌다.

53. **Give birth to:** To birth a baby

~을 낳다

* She gave birth to a baby girl.

그녀는 여자아이를 낳았다.

54. **Give up:** To stop doing something

포기하다, 그만두다

* Morris gave up drinking 10 years ago.

모리스는 10년 전부터 금주를 하고 있다.

55. **Go through:** To experience

(일련의 행동·방법·절차를) 거치다

Andy went through a lot of pain after his mother died.

앤디는 그의 어머니가 돌아가신 후 많은 고통을 겪었다.

56. **Grow up:** To spend one's childhood; develop; become an adult

성장(장성)하다, 서서히 생겨나다, 철이 들다

* He's like Peter Pan. He never really grew up at all.

그는 피터팬 같아. 전혀 성장하지 않았어.

57. **Hand in:** To submit (report, homework)

(과제물 등을) 제출하다

* Please hand in your papers before Friday.

금요일 전까지 논문을 제출하세요.

58. **Hand out:** To distribute

(사람들에게 물건을) 나누어주다

* Susan volunteered at the shelter where she handed out warm clothes.

수잔은 보호소에서 따듯한 옷들을 나누어주는 일을 자원했다.

59. **Hang out:** To spend time in a particular place or with a group of friends

함께 시간을 보내다

* Which pub does the team hang out at after the game?

경기 끝나고 어느 술집에서 팀원들이 어울리지?

60. **Hang up:** To end a phone conversation

전화를 끊다

* If you hang up now, I'll never speak to you again.

만약 지금 전화를 끊으면 난 당신과 절대 다시 이야기하지 않을 겁니다.

61. **Have an impact on:** To leave an impression on someone or something

~에 영향을 미치다

* This decision will have an impact on our policy.

이 결정은 우리 정책에 영향을 미칠 것이다.

62. **In my opinion:** From my perspective

내 생각에는

 * In my opinion, she is wrong.

내 생각에는 그녀가 틀렸다.

63. **Join in:** To participate

(활동에) 참여하다

 * Yes Tom, you can join in the discussion any time you like.

그래 톰, 원하는 시기에 언제든지 토론에 참여할 수 있어.

64. **Keep on:** To continue doing something

계속하다

 * If you keep on making that noise I will get annoyed.

계속 그 소리 내면 나 짜증날 거야.

65. **Keep up with:** To stay at the same level as someone or something

(뉴스·유행 등에 대해) 알게 되다, 알다

 * I read the paper every day to keep up with the news.

나는 뉴스를 알기 위해서 신문을 매일 읽는다.

66. **Kick off:** To begin, start

시작하다, 경기가 시작되다

 * The rugby match kicked off at 3 o'clock.

럭비 경기가 3시에 시작되었다.

67. **Leave out:** To omit, not mention

빼다, 생략하다, 무시하다.

* Please check your form again and make sure nothing is left out.

서류 다시 확인하고 아무것도 빠지지 않았는지 확인하세요.

68. **Let down:** To disappoint

~실망하다

* I feel so let down because they promised me a puppy but all I got was a doll.

그들이 약속한 것은 강아지인데 인형밖에 받지 못해서 아주 실망이다.

69. **Look after:** To take care of

~을 맡다(돌보다/건사하다)

* Andy, can you look after your sister until I get back?

앤디야, 내가 돌아올 때까지 여동생 좀 보고 있을래?

70. **Look down on:** To consider as inferior

~을 낮춰 보다, 얕보다

* She's such a snob. She always looks down on anyone who is poor.

그녀는 속물이다. 그녀는 가난한 사람을 항상 비하한다.

71. **Look for:** To try to find something

~을 바라다, 기대하다, 찾다

* Harry went to the shop to look for a new computer.

해리는 새 컴퓨터를 보러 가게에 갔다.

72. **Look forward to:** To await or anticipate with pleasure

~을 고대하다

* I'm looking forward to my birthday. It's in two days time.

난 내 생일을 고대하고 있어. 이틀 뒤야.

73. **Look up to:** To admire

~를 우러러보다, 존경하다

* I always look up to my father. He is a great man.

나는 항상 나의 아버지를 존경한다. 그는 위대한 분이시다.

74. **Make fun of:** To laugh at/ make jokes about

~을 놀리다, 비웃다

* It's not nice to make fun of people in wheelchairs.

휠체어를 탄 사람을 비웃는 것은 좋은 행동이 아니다.

75. **Make sure:** check that something is true or has been done

반드시 ~하도록 하다, 확인하다

* Make sure (that) no one finds out about this.

반드시 아무도 이것에 대해서 알지 못하도록 하라.

76. **Make up:** To invent (excuse, story)

~을 이루다, 형성하다

* That's a good excuse. Did you make up it up yourself?

그거 좋은 핑계네, 그거 혼자 지어낸 거냐?

77. **Mix up:** To mistake one thing or person for another

(~와) 혼동하다

  * She had so many cats that she kept mixing up their names.
  그녀는 너무 많은 고양이 길러서 고양이들 이름을 계속 혼동했다.

78. **Move in:** To arrive in a new home or office

이사를 들다

  * Did you hear? Our new neighbors are moving in this afternoon.
  들었어? 우리 새 이웃들이 오후에 이사 온다는군.

79. **Move out:** To leave your home/office for another one.

(살던 집에서) 이사를 나가다

  * When are you moving out? We need your office for the new guy.
  언제 나갈래? 네 사무실을 새 입주자에게 줘야 하는데.

80. **Own up:** To admit or confess something

(잘못을) 인정하다

  * Come on. Own up. We know you did it!
  그만하고 자백해. 너가 한 거 다 알아.

81. **Pass away:** To die

사망하다(die라는 말을 피하기 위해 씀)

  * Your grandfather passed away peacefully in his sleep last night.
  너의 할아버지는 주무시는 동안 평안하게 돌아가셨다.

82. **Pass out:** To faint

의식을 잃다, 기절하다

* He didn't drink enough water so he passed out at the end of the race.

그는 물을 충분히 마시지 않아 경주의 마지막 때 기절했다.

83. **Pay back:** To reimburse

(자기가 당한 고통에 대해) ~에게 갚아주다

* I'll pay you back as soon as I get the loan.

내가 돈을 꾸는대로 바로 너한테 갚아줄게.

84. **Put off:** To postpone, arrange a later date

(시간·날짜를) 미루다, 연기하다

* Don't put off until tomorrow, do what you can do today.

오늘 할 일을 내일로 미루지 마라.

85. **Put on:** To turn on, switch on

~을 입다(쓰다, 끼다, 걸치다)

* She put on too much makeup.

그녀는 화장을 너무 짙게 했다.

86. **Put out:** To extinguish

불을 끄다

* The fire fighters were able to put out fire in ten minutes.

소방관들은 불을 10분 안에 끌 수 있었다.

87. **Pick up:** To collect somebody

~를 (차에) 태우러 가다

* I'll pick you up at around 7:00 to take you to the airport.

7시쯤 너 공항에 데려다주러 태우러 갈게.

88. **Rely on:** To count on, depend on, trust

기대다, 의존하다, 믿다.

* You can rely on me. I always arrive on time.

날 믿어도 돼. 난 항상 제시간에 도착해.

89. **Set up:** To start a business

건립하다, 설립하다

* They set up their own company when they were still in high school.

그들이 아직 고등학교에 있을 때 그들만의 회사를 설립했다.

90. **Shop around:** To compare prices

(가장 나은 것을 선택하기 위해 상품의 가격·품질 등을 비교하며) 가게를 돌아다니다

* Don't buy that. Let's shop around and see if we can find something cheaper.

그거 사지 마. 좀 돌아다니면서 좀 더 싼 걸 찾을 수 있나 보자.

91. **Show off:** To brag or want to be admired

~을 자랑하다

* He's such a show off. He has to tell everybody about his new computer.

그는 아주 자랑쟁이다. 새로 산 컴퓨터에 대해서 모든 사람에게 이야기해야 된다.

92. **Show up:** To appear/arrive

나타나다

* I don't think she'll show up tonight. Her daughter is sick.

그녀가 오늘밤에 나타날 것 같진 않아. 그녀의 딸이 아프거든.

93. **Stand out:** To be especially noticable

눈에 띄다

* She wants to stand out.

그녀는 돋보이고 싶어한다.

94. **Take off:** To leave the ground

이륙하다

* The plane will take off as soon as the fog lifts.

안개가 걷히는대로 비행기는 이륙하겠습니다.

95. **Take one's time:** To go at one's own preferred pace

서두르지 않고 천천히 하다

* Take your time. There is no need to hurry.

천천히 해. 서두를 필요 없어.

96. **Try on:** To wear something to see if it suits or fits

~을 (시험 삼아) 해보다

* Go ahead, try it on and see if it fits.

입어봐. 입어보고 몸에 맞는지 보자.

97. **Be of use** (to somebody): To be helpful or useful

   (~에게) 쓸모 있다, 유용하다

   * Can I be of any use?

   내가 무슨 도움이 될까요?

98. **Use up:** To finish a product (so that there's none left)

   ~을 다 쓰다

   * Your parents used up all the coffee!

   너희 부모님께서 모든 커피를 다 마시셨어!

99. **Wait on:** To serve a customer or patron

   ~의 시중을 들다

   * A handsome young clerk waited on me in that shop.

   젊고 잘생긴 점원이 그 가게에서 내 시중을 들었다.

100. **Watch out:** To be careful

   조심해라

   * Watch out! There's a dog in the road.

   조심해! 길에 개가 있어.

101. **Watch over:** to take care of somebody/something

   ~을 보살피다(보호하다, 지켜보다)

   * Always keep a good watch over the kids.

   항상 아이들을 지켜보세요.

1. Be careful driving.

   - 운전 조심하세요.

2. I get off of work at 6pm.

   - 전 6시에 퇴근합니다.

3. He's very annoying.

   - 그는 아주 짜증나게 해.

4. I don't want to bother you.

   - 방해하고 싶지 않네요.

5. I'll call you when I leave.

   - 떠날 때 전화 드릴게요.

6. I've heard Texas is a beautiful place.

   - 텍사스는 아름다운 곳이라고 들었습니다.

7. Let me check.

   - 확인해볼게요.

8. Let me think about it.

   - 생각 좀 해보겠습니다.

9. Let's go have a look.

   - 가서 한번 봅시다.

10. Never mind.

   - 신경 쓰지 마세요.

11. Please fill out this form.

   - 이 서식을 작성해주세요.

12. Sorry to bother you.

   - 귀찮게 해서 미안합니다.

13. That smells bad.

   - 저거 냄새가 고약하네.

14. Can I make an appointment for next Wednesday?

   - 다음 주 수요일로 약속을 잡을 수 있을까요?

15. Go straight ahead.

   - 똑바로 가세요.

16. How long is the flight?

- 비행 시간이 얼마나 됩니까?

17. Will you remind me?

- 상기시켜 주시겠어요?

18. Do you have anything cheaper?

- 좀 더 싼 건 없습니까?

19. Sorry, we only accept Cash.

- 죄송하지만 현금만 받습니다.

20. Can you recommend a good restaurant?

- 좋은 식당 추천해주실 수 있나요?

21. it's not supposed to rain today.

- 오늘은 비가 오지 않을 거야.

22. I'd like to speak to Mr. Smith please.

- 스미스 씨와 통화하고 싶습니다.

23. My cell phone doesn't have good reception.

- 내 핸드폰이 잘 안 터진다.

24. Sorry, I think I have the wrong number.

　　- 죄송하지만 제가 전화를 잘못 건 거 같네요.

25. Do you have this in size 11?

　　- 11 사이즈가 있습니까?

26. Do you think you'll be back by 11:30?

　　- 11시 30분까지 돌아올 수 있을 거 같나요?

27. How much altogether?

　　- 전부 다 해서 얼마인가요?

28. John is going on vacation tomorrow.

　　- 존은 내일 휴가를 떠난다.

29. What time are they arriving?

　　- 몇 시에 그들이 도착합니까?

30. When is the next bus to Philadelphia?

　　- 필라델피아로 가는 다음 버스는 언제인가요?

31. Take me to the Hilton Hotel.

　　- 힐튼 호텔로 데려다주세요.

32. Are you here alone?

- 혼자 오셨나요?

33. Can we have a menu please.

- 메뉴판 좀 볼 수 있을까요?

34. I'll give you a call.

- 전화 드리겠습니다.

35. I think I need to see a doctor.

- 진찰을 받아야 될 거 같아.

36. Have you eaten yet?

- 식사는 하셨습니까?

37. Where is an ATM?

- 현금 인출기가 어디 있나요?

38. Business is good.

- 사업은 잘되고 있습니다.

39. Have you done this before?

- 이거 해본 적이 있나요?

40. How long have you lived here?

　– 여기 얼마나 사셨나요?

41. I have pain in my arm.

　– 팔이 아픕니다.

42. Is there a movie theater nearby?

　– 근처에 극장이 있나요?

43. Fill it up, please.

　– 가득 채워주세요. (주유소에서)

44. I thought he said something else.

　– 난 그가 다른 말을 하는 줄 알았어.

45. Try it on.

　– 입어보세요.

46. Am I pronouncing it correctly?

　– 제가 바르게 발음하고 있나요?

47. Can you throw that away for me?

　– 저거 좀 버려주시겠어요?

48. Forget it.

  - 잊어버려.

49. I don't understand what you're saying.

  - 무슨 말하는지 이해가 안 됩니다.

50. Is there air conditioning in the room?

  - 방 안에 에어컨이 있나요?

51. Please speak more slowly.

  - 좀 더 천천히 말해주세요.

52. Sorry, I didn't hear clearly.

  - 미안합니다만 제대로 못 들었습니다.

53. Are you allergic to dust?

  - 먼지 알레르기가 있습니까?

54. It depends on the weather.

  - 날씨에 달렸죠.

55. My watch has been stolen.

  - 제 시계를 도난당했습니다.

56. Where do you work?

- 어디서 일하세요?

57. My throat is sore.

- 목이 아픕니다.

58. My luggage is missing.

- 제 짐 가방이 분실되었습니다.

59. My stomach hurts.

- 배가 아픕니다.

60. Are you married?

- 결혼하셨나요?

61. Are you waiting for someone?

- 누굴 기다리는 중인가요?

62. What's the matter?

- 무슨 일입니까?

63. What time do you go to work everyday?

- 매일 몇 시에 출근하세요?

64. It's north of here.

   - 여기서 북쪽에 위치해 있습니다.

65. It will arrive shortly.

   - 곧 도착합니다.

66. The roads are slippery.

   - 길이 미끄럽습니다.

67. What will the weather be like tomorrow?

   - 내일 날씨가 어떨까요?

68. I have money.

   - 저 돈 있어요.

69. I haven't had lunch yet.

   - 점심을 아직 못 먹었습니다.

70. It takes 2 hours by car.

   - 차로 2시간 걸립니다.

71. Please tell her John called.

   - 존이 전화했었다고 그녀에게 전해주세요.

72. Take me downtown.

    – 시내로 데려다주세요.

73. This room is a mess.

    – 이 방은 엉망이네요.

74. I don't have time right now.

    – 지금은 시간이 없네요.

75. I really appreciate your help.

    – 도움 주신 것 정말 감사드립니다.

76. How does that sound?

    – 어떻게 생각해요?

77. Let me give you a hand.

    – 도와드릴게요.

78. Awesome!

    – 좋아요!

79. I hear you.

    – 이해합니다.

80. Sorry, I am terrible with names.

    - 죄송하지만 제가 이름을 잘 기억 못합니다.

81. It's freezing out.

    - 아주 춥네요.

82. Don't wait up.

    - 기다리지 마세요.

83. I was planning to pull an all-nighter.

    - 밤을 샐 계획이었습니다.

84. Let me tell you something.

    - 내 말 좀 들어보세요.

85. How long have you been studying English?

    - 영어 공부를 한 지 얼마나 되었나요?

86. Let's give it a try!

    - 한번 시도해봅시다!

87. Can I come over?

    - 제가 가도 되나요?

88. Let's take a break.

　– 좀 쉬었다 합시다.

89. You rock!

　– 당신 최고예요!

90. I'm having a blast.

　– 아주 즐겁습니다.

91. Will do.

　– 그렇게 하겠습니다.

92. What's the use of talking about it?

　– 그걸 뭐 하러 이야기하니?

93. I can hardly believe what I have seen.

　– 내가 본 걸 믿을 수 없어.

94. I'd be grateful for your help.

　– 도와주시면 감사하겠습니다.

95. What I'm trying to say is that it's worth buying.

　– 살 가치가 있다는 게 내 말이야.

96. There is nothing I like better than listening to the radio.

- 라디오를 듣는 것만큼 내가 좋아하는 일은 없다.

97. Speaking of Ben, have you seen him lately?

- 벤 이야기가 나와서 말인데, 최근에 그를 본 적이 있니?

98. Compared to other students, she is quite hard working.

- 다른 학생들과 비교해서, 그녀는 상당히 열심히 해.

99. We'd better buy a new computer.

- 우리 새 컴퓨터를 사는 게 낫겠어.

100. I'll be back as soon as possible.

- 최대한 빨리 돌아오겠습니다.

101. I really need your help.

- 정말로 네 도움이 필요해.

family	rain
father	cloud
grandfather	wind
mother	
grandmother	arm
brother	leg
sister	ear

Sunday	accomplish	설명하다
Monday	account	문지르다
Tuesday	behave	변경하다
Wednesday	inform	알리다
Thursday	rub	성취하다
Friday	vary	행동하다
Saturday		

	배신하다	괴롭히다
elephant	betray	bother
cat		
bird	승인하다	보장하다
	approve	assure
rose		
lily	확신하다	세다
tulip	convince	count

① 동사: were, left, flew, were, padded
② 명사: Monday, morning, husband, Derek, kitchen, kids, breakfast, work, school, back door, phone call, texts, knock, feet, floor
③ 동명사: warning
④ 전치사: in, with, for, across

man	손	ped	아이
pend, pens	매달다	derm	피부
pon, pos	놓다	aster, astr, astro	별
aut, auto	자신	sol, soli	홀로
mania	광기, 열광	vid, vis	보다

① release
② leaving
③ warning
④ notify, alert

① 소박한, 검소한
② 가득한, 충만한
③ 사치스러운
④ 닥치는 대로, 무차별의

fore	미리, 앞	under	밑에, ~보다 낮은
mis	나쁜, 잘못된	up	위로
out	~을 넘어서, ~보다 더한	with	~뒤로, 떨어져
over	지나친, 과도하게	ab	~로부터, ~로부터 멀리
un	~이 아닌, ~이 부족한	ad	~로, ~의 가까이에

1단계	의문문	Did you tell the fox to come into your den?
	부정문	You did not tell the fox come into your den.
	현재형	You tell the fox to come into your den.
	의문문	Do you tell the fox to come into your den.
	부정문	You do not tell the fox to come into your den.
	과거형	You told the fox to come into your den.
	의문문	Did you tell the fox to come into your den?
	부정문	You did not tell the fox to come into your den.
	미래형	You will tell the fox to come into your den.
	의문문	Will you tell the fox to come into your den?
	부정문	You will not tell the fox to come into your den.
2단계	현재진행형	You are telling the fox to come into your den.
	의문문	Are you telling the fox to come into your den?
	부정문	You are not telling the fox to come into your den.
	과거진행형	You were telling the fox to come into your den.
	의문문	Were you telling the fox to come into your den?
	부정문	You were not telling the fox to come into your den.
	미래진행형	You will be telling the fox to come into your den.
	의문문	Will you be telling the fox to come into your den?
	부정문	You will not be telling the fox to come into your den.

현재완료형	You have told the fox to come into your den.
의문문	Have you told the fox to come into your den?
부정문	You have not told the fox to come into your den.
과거완료형	You had told the fox to come into your den.
의문문	Had you told the fox to come into your den?
부정문	You had not told the fox to come into your den.
미래완료형	You will have told the fox to come into your den.
의문문	Will You have told the fox to come into your den?
부정문	You will not have told the fox to come into your den.
현재완료진행형	You have been telling the fox to come into your den.
의문문	Have you been telling the fox to come into your den?
부정문	You have not been telling the fox to come into your den.
과거완료진행형	You had been telling the fox to come into your den.
의문문	Had you been telling the fox to come into your den?
부정문	You had not been telling the fox to come into your den.
미래완료진행형	You will have been telling the fox to come into your den.
의문문	Will you have been telling the fox to come into your den?
부정문	You will not have been telling the fox to come into your den.

나는 영어를 가르치는
시골 약사입니다

1판 1쇄 발행 2018년 7월 2일
1판 4쇄 발행 2019년 4월 15일

지은이 김형국
발행인 오영진 김진갑
발행처 (주)토네이도미디어그룹

기획편집 이다희 김율리 박은화
디자인팀 안윤민 김현주
마케팅 박시현 신하은 박준서
경영지원 이혜선

출판등록 2006년 1월 11일 제313-2006-15호
주소 서울시 마포구 월드컵북로5가길 12 서교빌딩 2층
전화 02-332-3310 팩스 02-332-7741
블로그 blog.naver.com/midnightbookstore
페이스북 www.facebook.com/tornadobook

ISBN 979-11-5851-102-9 03190

이 도서의 국립중앙도서관 출판예정도서목록(CIP)은 서지정보유통지원시스템 홈페이지
(http://seoji.nl.go.kr)와 국가자료공동목록시스템(http://www.nl.go.kr/kolisnet)에서
이용하실 수 있습니다. (CIP제어번호: CIP2018018342)